Reinhold Ruthe
Fass mich nicht an!

Reinhold Ruthe

Fass mich nicht an!

Sexueller Missbrauch
Informieren, Erkennen, Sensibilisieren

Brendow.
Verlag | Alles, was Sinn macht!

Bibliografische Information der Deutschen Nationalbibliothek
Die Deutsche Nationalbibliothek verzeichnet diese Publikation in der
Deutschen Nationalbibliografie; detaillierte bibliografische Daten
sind im Internet über http://dnb.d-nb.de abrufbar.

ISBN 978-3-86506-851-4
© 2016 by Joh. Brendow & Sohn Verlag GmbH, Moers
Einbandgestaltung: Brendow Verlag, Moers
Titelfoto: fotolia © Phils Photography
Satz: Brendow Web & Print, Moers
Druck und Bindung: CPI – Clausen & Bosse, Leck
Printed in Germany

www.brendow-verlag.de

Inhalt

Vorwort

Der sexuelle Missbrauch ist eines der abscheulichsten Verbrechen, die junge Heranwachsende und Erwachsene anderen Menschen zufügen. Der sexuelle Missbrauch ist so alt wie die Menschheit. Durch die Menschheitsgeschichte und auch durch die Kirchengeschichte zieht sich das Thema wie ein roter bzw. vielmehr dunkler Faden.

Gott hat den Menschen mit Sexualität und als sexuelles Wesen geschaffen. Es ist ein wunderbares und beglückendes Geschenk, gleichzeitig öffnet es Tor und Tür für Missbrauch, für Abwege, für Irrwege, für Sünde. Schon in der Bibel werden uns Missbrauchsfälle berichtet. David vergreift sich an Bathseba, die er nackt beim Baden beobachtet hat. Sodom und Gomorrha sind Städte, die bis heute als Metaphern dienen, um sexuelles Durcheinander und Sexualität auf Abwegen zu schildern.

Im antiken Griechenland war die „Liebe" mit einem Knaben normal, und im alten Rom war auch die Prostitution eines jungen Sklaven gang und gäbe. Im 18. Jahrhundert wurden sexuelle Handlungen zwischen Erwachsenen und Kindern scharf verurteilt.

Alles, was wir heute im Zeitalter größtmöglicher Freiheit und Selbstverwirklichung erleben, ermöglicht auch die Freiheit zum Missbrauch.

Spätestens seit den Sechzigerjahren des vorigen Jahrhunderts hat sich so etwas wie eine sexuelle Revolution ereignet. Die amerikanische Philosophin und Chefideologin des Gender-Mainstreamings leugnete die Bedeutung der biologischen Geschlechtspolarität von Mann und Frau. Der Feminismus feierte Triumphe. Viele bis dato selbstverständliche Normen der Sexualität wurden infrage gestellt:

- Mutterschaft und Familie erfahren eine Abwertung,
- Abtreibung bzw. vielmehr der Mord im Mutterleib wird selbstverständliches „Menschenrecht",
- die erwerbstätige Frau wird zum Leitbild statt zur Option,
- die Heterosexualität als Normrichtlinie wird infrage gestellt.

Freche Parolen begeisterten Jugendliche und vor allem junge Erwachsene:

„Macht kaputt, was euch kaputt macht!
Kampf der bürgerlichen Kleinfamilie!
Wer zweimal mit derselben pennt, gehört schon zum Establishment!
Unter den Talaren der Muff von tausend Jahren!"

Im Jahre 2015 sieht oberflächlich alles ruhiger und zivilisierter aus. Doch die Revolution hat stattgefunden. Die Saat ist aufgegangen. Die Meinung in Kirchen und Freikirchen ist umstritten. Konservative, strenggläubige und liberalere Kritiker stehen sich gegenüber.

Links ist in, rechts ist out, links wird hof- und salonfähig. Der libidinösen Moral wird das Wort geredet. Intoleranz gegen jede Einschränkung der sexuellen Freiheit. Die herrschaftsfreie Gesellschaft wird hochgelobt.

Das Pornografieverbot wurde in Deutschland 1973 aufgehoben. Sexualität in allen Formen und Abgründen darf gezeigt werden. Vor diesem Hintergrund leuchtet es ein, dass der Bundestagsabgeordnete Edathy, der Bilder von nackten Kindern auf dem Laptop gespeichert hatte, im Jahre 2015 freigesprochen wurde.

Im 20. Jahrhundert begann man, Kinderschutzprogramme aufzustellen. Der Völkerbund in Genf verabschiedete 1924 ein solches Gesetz mit fünf Punkten.
Kinderschutz beinhaltet heute,
dass Kinder das Recht auf eine gewaltfreie Erziehung haben,
dass Kinder Schutz genießen vor allen Formen der sexuellen Ausbeutung und der sexuellen Gewalt.

Leider sind sexueller Missbrauch und sexuelle Gewalt dennoch allgegenwärtig. Jedes Jahr kommen etwa 12.000 bis 15.000 Fälle in Deutschland zur Anzeige. Fachleute schätzen, dass die Dunkelziffer etwa 10- bis 15-fach höher liegt. Besonders dramatisch sind die Missbrauchsfälle,
die sich in Familien,
in der Verwandtschaft,
in der Nachbarschaft und Bekanntschaft abspielen.
Drei Viertel aller gemeldeten Missbrauchszahlen geschehen im sozialen Nahbereich. Auch in Heimen, Schulen und Vereinen. Die unterschiedlichen Forschungen ergeben bis 2015, dass etwa jedes *vierte* Mädchen und jeder *neunte* Junge Opfer sexuellen Missbrauchs wurde.

Mir wurden in meiner Praxis als Christ, Seelsorger und Psychotherapeut in den vergangenen Jahrzehnten viele Missbrauchsfälle geschildert. Die Scham der Betroffenen ist riesengroß, weil sie Eltern, Verwandten, auch verantwortlichen Christen und Predigern zum Opfer fielen. Sie haben geschwiegen und von Anzeigen Abstand genommen. Sie haben geschwiegen, weil viele auch völlig unaufgeklärt, hilflos und verunsichert waren.

Gründlich soll in diesem Buch über Prävention, über Verhütung, sachliche Aufklärung und Schutz für Kinder und Jugendliche nachgedacht werden. Unkenntnis und Schweigen machen Kinder wehrlos und mobilisieren die Täter.

Gott schenke allen Lesern neue Einsichten in die unterschiedlichen Wege und Abwege der Sexualität des Menschen und die Kraft, hilfreiche Entscheidungen zu treffen.

KAPITEL 1

Was ist sexueller Missbrauch?

Es geht beim sexuellen Missbrauch um willentliche sexuelle Handlungen, wobei über die Geschlechtsorgane sexuelle Befriedigung herbeigeführt werden soll. Zwischen Opfer und Täter besteht in der Regel keine Freiwilligkeit. *Den* sexuellen Missbrauch gibt es nicht, denn die Praxis zählt *viele* unterschiedliche Formen sexuellen Missbrauchs auf. Sexueller Missbrauch geschieht am häufigsten zwischen Erwachsenen und Kindern, aber er findet auch zwischen Erwachsenen und Verheirateten statt. Die wichtigsten Missbrauchsfälle sind:

- Erwachsene oder ältere Jugendliche befriedigen sich am Körper eines Kindes oder lassen sich von Kindern befriedigen;
- homosexuelle Männer als Erzieher oder Aufsichtspersonen befriedigen sich an männlichen Jugendlichen;
- heterosexuelle Männer als Erzieher oder Aufsichtspersonen befriedigen sich an Kindern und Jugendlichen weiblichen Geschlechts;
- Männer unterschiedlichen Alters *erpressen* Mädchen oder Frauen, um sich dann an ihnen zu befriedigen;
- verheiratete Männer *vergewaltigen* ihre Partnerinnen;
- sexueller Missbrauch beginnt schon, wenn Väter, Stiefväter oder Großeltern intime Küsse verabreichen, um unter Umständen später mehr zu erreichen;
- das Beobachten eines Kindes oder Jugendlichen beim Baden, Waschen oder Umziehen ist *Voyeurismus*. Der Voyeur (franz. = Zuschauer) reagiert aus sexuellem

Reizhunger; Voyeurismus ist eine Perversität (perversus = verkehrt);

- die Pornografie gehört in den Blickwinkel des sexuellen Missbrauchs. Das Anschauen von pornografischen Bildern ist nicht selten Ansporn und Anregung für sexuellen Missbrauch;
- das Zeigen der eigenen Geschlechtsorgane ist *Exhibitionismus*. Es handelt sich ebenfalls um eine Perversität;
- sexuelle Gewalt findet auch da statt, wo junge Menschen sich bedrängt fühlen, pornografische Bilder oder Filme anzuschauen;
- wenn im Internet jemand mit obszönen Sätzen oder mit „ sexueller Anmache" belästigt wird.

Die Zweischneidigkeit des Begriffs
Wo beginnt der Übergriff?
Wo sind Handlungen fragwürdig?
Was ist erlaubt, was ist verboten?
Die Diplom-Psychologin Elisabeth Raffauf hat einige Situationen geschildert, die unterschiedlich bewertet werden können:

- Ein Vater badet mit seiner neunjährigen Tochter.
- Ein Onkel gibt seiner fünfjährigen Nichte einen Zungenkuss.
- Eine Mutter lässt sich von ihrem zehnjährigen Sohn – nur mit Slip bekleidet – massieren.
- Ein Busfahrer bittet eine vierzehnjährige Schülerin, ihn im Lendenbereich zu kratzen, er müsse ja mit beiden Händen den Bus steuern.
- Ein Dreizehnjähriger fasst seiner vierzehnjährigen Schwester zwischen die Beine.
- Ein Fünfjähriger fordert im Kindergarten ein gleichaltriges Mädchen auf, ihm „einen zu blasen".

Die Diskussionen darüber, was sexueller Missbrauch genau ist und wie man ihn definiert, führen Experten bis heute. Eine einheitliche Definition gibt es nicht. Zum Beispiel ist sexueller Missbrauch unter Gleichaltrigen vorstellbar, wenn man bedenkt, wie unterschiedlich weit die geistige und körperliche Entwicklung von zwei Fünfzehnjährigen sein kann. [1]

Das heißt:

- ein Kind kann nicht überschauen, worum es dem Erwachsenen geht;
- ein Kind weiß nicht, was Erwachsene unter Sexualität verstehen;
- ein Kind vertraut dem Erwachsenen, weil es nicht weiß, was er will.

Sexueller Missbrauch vom Vater an der eigenen Tochter
Ein Beratungsbeispiel. Eine Zwanzigjährige erscheint in der Beratung. Ich nenne sie Manuela.

Bevor sie zu sprechen anfängt, rollen die Tränen. Sie ist hin und her gerissen.

„Ich stecke in einer schrecklichen Zwickmühle. Ich bin jahrelang von meinem Vater geliebt, nein, missbraucht worden. (Die junge Frau schüttelt den Kopf und ist selbst über den ungewollten Versprecher entsetzt.) Mit 17 oder 18 habe ich mich bekehrt und wurde Mitglied in einer Gemeinde. Von einigen Gemeindeältesten, auch zwei Frauen waren darunter, wurde ich gründlich befragt. Und ich habe denen ehrlich gestanden, dass mein Vater mich bis zum Alter von 16 laufend missbraucht hat."

Sie verdeckt ihr Gesicht. Die Beichte ist ihr höchst peinlich. Danach hätte sie einen eigenen Freund kennengelernt, und die sexuellen Beziehungen zum Vater waren beendet worden.

„Aber", sie rafft sich wieder auf, „die verantwortlichen Leute in der Gemeinde haben mich aufgefordert, meinen eigenen Vater anzuzeigen. Ich wollte nicht, aber sie gaben keine Ruhe. Solche Verbrechen dürften nicht verschwiegen werden." Der ganze Körper der jungen Frau ist in Aufruhr.

„Schweren Herzens habe ich das getan. Aber seitdem ist mein innerer Friede verschwunden. Meinen Vater habe ich geliebt, und er hat mich geliebt. Seine Ehe war kaputt. Mutter war unausstehlich."

Wieder wird sie von Weinkrämpfen geschüttelt.

„Und jetzt muss ich damit rechnen, dass er jahrelang ins Gefängnis kommt. Er muss alles ausbaden, und ich bin frei. Mir haben die Gemeindeleute im Namen Jesu Vergebung zugesprochen. Natürlich habe ich die Sünde bereut, und mein Vater?"

Sie schüttelt ungläubig den Kopf.

„Der Vater sei allein schuldig, haben sie auch auf dem Gericht gesagt, ich trüge nicht ansatzweise eine Mitschuld. Ich sei verführt worden, und gegen seine Überlegenheit hätte ich mich nicht wehren können. Aber ich weiß doch, was ich gefühlt habe!"

„Was wollen Sie damit sagen?", frage ich.

„Ja, zu Anfang habe ich mitgespielt, ohne schöne Gefühle gehabt zu haben, aber später war es doch auch erregend für mich! Jetzt soll er allein alles ausbaden?"

Ohne auf Beratung, Seelsorge und Therapie im Einzelnen einzugehen, was macht diese Beratung deutlich?

- Da über alle Facetten von sexuellen Gefühlen, Liebe, Gewohnheiten und Verantwortung der Erzieher gegenüber Kindern nicht gesprochen wird, können Kinder und angehende Jugendliche besonders von eigenen Eltern, Geschwistern und Verwandten sexuell missbraucht werden. Sie wissen nicht, was erlaubt und nicht erlaubt ist.

- Bei Manuela untersuchte sie der Vater nach Zecken im Geschlechtsbereich. Das war der Anfang.
- Die Liebesbezeugungen des Vaters waren bei ihr schon als Kind mit Berührungen am ganzen Körper verbunden. Beide streichelten sich oft mehr als eine Viertelstunde, ohne die Geschlechtsorgane zu berühren.
- Erst etwa ab dem zehnten Lebensjahr konzentrierte der Vater sich stärker auf die Schamlippen und den Kitzler. Der Vater zu Manuela: „Jeder Mensch hat Stellen am Körper, die sich besonders kitzeln lassen. Bei dir ist es der Kitzler, der heißt auch noch so, bei mir ist es die Eichel am Glied."
- Da niemals äußerliche Gewalt im Spiel war, empfand Manuela alles als liebevolle Zuwendung des Vaters. Sie war sein „geliebtes Kind".
- Als Manuela in der Schule mit 15–16 Jahren einen Schüler kennen- und lieben lernte, kamen ihr die ersten Zweifel. Was ist Liebe, was ist sexuelles Begehren? Kann man das überhaupt trennen? Hat mich der Vater nur sexuell begehrt? War nicht auch Liebe damit verbunden? Kann man zwei Menschen gleichzeitig lieben und begehren? Mit ihrem Freund führt sie viele Gespräche, um herauszufinden, was Liebe, sexuelle Gefühle und Lust trennt und verbindet.
- *Fazit:* In vielen Gesprächen versuchten wir, Licht ins Dunkel der Gefühle und der Beziehungen zum Vater zu bringen. Manuela war vom Missbrauch und gleichzeitig von echten Liebesgefühlen des Vaters zu ihr überzeugt. Sie liebt ihren Vater immer noch. Beide schreiben sich „innige Briefe", wie mir die Tochter offenbarte. Ihre sexuellen Sehnsüchte und Gefühle werden allein vom Freund gestillt. Nach seinem Studium wollen sich beide verloben. Sie weiß, dass der sexuelle Missbrauch des Vaters ein Verbrechen ist, gleich-

zeitig entwickelt sie starke Mitleidsgefühle. Sie fragt sich, wieweit Mitleid mit dem Vater im Spiel ist, den sie schließlich angezeigt und ins Gefängnis gebracht hat. Geistlich ist sie von der Richtigkeit überzeugt, menschlich hat sie Zweifel.

■ Dieses Beratungsbeispiel hat mir gezeigt, wie vielschichtig, wie vernetzt, wie abhängig und kaum eindeutig zu differenzieren alle Gefühle und Praktiken sind. Theoretisch sind alle Verhaltens- und Einstellungsmuster von Täter und Opfer klar zu analysieren. Aber die Hintergründe, die Motive, die Begleitumstände und die Verflochtenheit mit anderen Aspekten sind groß. Zum Beispiel: Von ihrer Mutter erfuhr sie keine Liebe und Zuwendung. Schon als kleines Kind bekam sie von der Mutter wenig Berührungen und Zärtlichkeiten. Der Vater nutzte diese Lücke, auch die Tochter. Und der Vater kompensierte mangelnde Berührungen mit seiner Frau, indem er sie bei der Tochter suchte.

Machtmissbrauch
Einsichtig wurde, dass es Missbrauch *ohne* Gewalt gibt. Sehr oft spielt aber Gewalt beim Missbrauch eine Rolle. Immer handelt es sich bei den verschiedenen Formen des sexuellen Missbrauchs um Respektlosigkeit dem Mitmenschen gegenüber. Immer wieder spielt auch *Machtmissbrauch* eine Rolle. Sexuelle Gewalt beginnt da, wo jemand einen Menschen benutzt, um sich sexuell zu erregen. Besonders auch da, wo es sich um ein *Machtgefälle* handelt:
   ■ zwischen einem Erwachsenen und einem Kind,
   ■ zwischen einem Vorgesetzten und einem Untergebenen,
   ■ zwischen einem Berater oder Therapeuten und einem Klienten,

- zwischen einem Lehrer und einem Schüler,
- zwischen Chef und Sekretärin,
- zwischen einem Verantwortlichen und einem Abhän-gigen,
- zwischen einem Reifen und einem Unreifen.

Missbrauch von Vertrauen
Der Missbrauch von *Vertrauen* spielt bei sexuellem Miss-brauch eine entscheidende Rolle. Es ist immer ein Risiko, einem Menschen Vertrauen zu schenken.
Wer Vertrauen schenkt,
- glaubt an den anderen,
- hat gute Erfahrungen mit ihm gemacht,
- spürt ein Gefühl von Sicherheit,
- glaubt seinen Versprechungen,
- vertraut sich ihm an.

Positive Folge:
- Der kleine Mensch, auch der junge Erwachsene, tankt Vertrauen,
- der kleine Mensch fühlt sich akzeptiert,
- der kleine Mensch fühlt sich ernst genommen,
- er fühlt sich ermutigt,
- er fühlt sich geliebt.

Er muss nicht um Anerkennung buhlen. Er steht im Leben und kann Nein sagen.
Er weiß sich zu wehren und ist nicht haltlos.

Und wer kein Vertrauen getankt hat? Das Kind ist von El-tern und Angehörigen enttäuscht. Eltern hatten keine Zeit. Sie waren mit sich beschäftigt. Das Kind hat eine große Sehnsucht
- nach Anerkennung,

- nach Zuwendung,
- nach Bestätigung,
- nach Beachtung.

Diese Lücke nutzen die Täter. Sie machen sich beliebt, schenken Zuwendung, schenken Zeit, schenken Aufmerksamkeit. Kinder, die sich auf diese Weise verführen lassen, erkennen nicht, dass diese Tat böse ist. Alle negativen Empfindungen richten sich dann gegen sich selbst:

- Die kindlichen Opfer fühlen sich böse,
- sie fühlen sich schmutzig,
- sie gehören bestraft.

Fachleute machen darauf aufmerksam, dass diese Empfindungen, wenn sie nicht später bearbeitet werden, sich im Erwachsenenalter einnisten.

Vertrauensmissbrauch eines Lehrers

In einer Zeitschrift fand ich einen Artikel, der das Schicksal eines 14-jährigen Mädchens schildert, das von einem Lehrer missbraucht wurde. Die Überschrift lautet: „Ich fand es toll, dass sich ein erwachsener Mann für mich interessierte, und hatte das Gefühl, dem kann man vertrauen."

Wie erschlich sich der Lehrer das Vertrauen des Mädchens?

Auf einer Klassenfahrt saß das Mädchen neben ihm. Er sprach über ihre Schwester, die er unterrichtet hatte. Die 14-Jährige fand ihn sympathisch, lässig, cool. Beide schrieben sich im Chat nach der Klassenfahrt. Er bot ihr nach einiger Zeit das Du an. Der Lehrer war 18 Jahre älter.

Entscheidend: Das Mädchen fühlte sich zu Hause in der Zeit vernachlässigt.

Die Schwester stand im Mittelpunkt. Die 14-Jährige fand es toll, dass sich ein älterer Mann für sie interessierte. Der Lehrer lobte sie. Sie sei ein gut erzogenes Mädchen. Das

Mädchen fühlte sich wie eine Frau. Dann wurden die Fragen im Chat intimer: „Hattest du schon mal Sex?"

„Kannst du mir etwas andere Bilder von dir zeigen?"

Erst wehrte sie sich, dann gab sie nach. Auch er schickte Bilder, auf denen er nackt mit erigiertem Glied zu sehen war.

Im Lehrerzimmer nahm er das Mädchen in den Arm, und es kam zu körperlichen Berührungen. Das Mädchen wörtlich: „So eine Beziehung war für mich was Neues. Er war zärtlich, aber es ging letztlich immer um Sex. Wenn ich vorschlug, lass uns doch nur einen Film anschauen, sagte er, dass sie beide die Zeit nutzen sollten, sie sähen sich zu wenig. Es lief immer auf dasselbe hinaus."

Sie trafen sich heimlich: in der Schule, bei ihm zu Hause, wenn seine Frau unterwegs war, auf dem Parkplatz und im Wald. Sogar zum Geburtstag kam der Lehrer mit einem Blumenstrauß zu ihr nach Hause. Die Mutter ahnte nichts, obschon die Tochter am Rande erwähnt hatte, sie sei in den Lehrer verliebt. Die Klassenlehrerin weckte das Misstrauen der Eltern, und der Missbrauch flog auf. Vor allem die ältere Schwester, die sich auch mit dem Lehrer duzte, brachte den Missbrauch zur Sprache. Sie ließ durchblicken, dass der Lehrer auch sie mal unsittlich berührt hatte. Gesprochen hätte sie nicht darüber, weder mit der Schulleitung noch mit Freundinnen oder den Eltern.

Was lehrt uns dieser Missbrauch? Schon hier ein paar Anmerkungen dazu (später wird noch einmal ausführlich über Prävention, über Aufklärung, über eine gute Eltern-Kind-Beziehung gesprochen, die Missbrauch verringern oder unterbinden):

1. Die Eltern haben mit ihren Kindern nicht über Sex gesprochen.
Heute ein Versäumnis vieler Eltern. Die Sexualität ist ein

wunderbares Geschenk unseres Gottes. Sie gehört zu unserem Leben, kann aber missbraucht werden. Wer das Thema in der Erziehung tabuisiert, muss damit rechnen, dass Kinder das Thema auch tabuisieren. Sie schämen sich, kennen die Bedeutung, die Einordnung, den Stellenwert und die Gefahren nicht. Die 14-Jährige ist ein Beispiel dafür. Sie behält alles für sich.

Die Äußerung, dass sie in den Lehrer verliebt ist, haben die Eltern nicht ernst genommen. Keine Rückfragen, kein lebendiger Austausch darüber. Die Schülerin hat Fragen und Unsicherheiten, macht sie aber mit sich selbst ab. Und das Unheil nimmt seinen Lauf.

2. *Kinder und Jugendliche können schwer zwischen sexuellem Begehren und Liebe unterscheiden*

Die 14-Jährige fühlte sich anerkannt, gemocht und geliebt. Vielleicht glaubte sie, dass der ältere Lehrer, also ein angesehener Mann, es einmal ernst mit ihr meinen würde. Sie bekam Zuwendung, Anerkennung und Bestätigung. Sie wurde ernst genommen, wenn auch unter zwielichtigen Motiven. Dinge, die sie leider zu Hause vermisste. Das Sexuelle wurde ihr zu viel. Aber sie wusste, dass es zur Liebe gehört. Sie kam nicht auf den Gedanken, konnte auch nicht darauf kommen, dass der Lehrer sie lediglich als Sexobjekt benutzte.

3. *Die Schülerin konnte dem Lehrer nicht widersprechen*

Sie machte sich ihre Abhängigkeit nicht klar. Denn ihre Noten und ihre Beurteilung hingen davon ab. Schon ihre ältere Schwester hatte ähnliche Erfahrungen gemacht. Alles blieb im Dunkeln, weil Eltern und Kinder über sexuelle Gefühle, über versteckte Wünsche und Sehnsüchte, über Verliebtheit und Liebe nicht offen gesprochen hatten. Kinder haben Respekt vor den Erwach-

senen. Diese sind ihnen überlegen. Wer als Kind
zur Artigkeit,
zur Anpassung,
zur Höflichkeit,
zur Achtung gegenüber Erwachsenen erzogen wurde,
kann leicht überfahren werden.

4. *Mangelnder Austausch über Sex und Liebe macht einsam.*
Je weniger über Sexualität, Liebe, Geborgenheit, Zärtlichkeit, Verliebtheit und viele unbegreifliche Sehnsüchte gesprochen wird, desto einsamer fühlt sich das
Kind. Es fragt nicht, weil es sich schämt. Es leidet still
vor sich hin und kann viele Zusammenhänge nicht deu-
ten. Auch nach Offenlegung des Missbrauchs leidet das
Mädchen, „saß nur noch zu Hause, hatte keine Freunde
mehr", heißt es in dem Bericht.[2]

KAPITEL 2

Die Opferrolle der Missbrauchten

Wer systematisch vertuschen, betrügen, verführen und missbrauchen will, findet viele unerlaubte Wege. Kinder und Jugendliche sind in der Regel in einer unterlegenen Situation.

Und wer verführen will, dem fallen ungeahnte Möglichkeiten ein, Opfer zu finden.

Wer aber in der Familie, in Schulen, Heimen und anderen Einrichtungen sexuelle Gewalt und sexuellen Missbrauch verringern und verhindern will, findet hilfreiche Anregungen, konkrete Erziehungstipps und Einstellungen. Wer sich ernstlich hineindenkt, wird für seine Erziehungs- und Präventionspraxis Anregungen finden, die ihm weiterhelfen.

Die Professoren Sabine Andresen und Wilhelm Heitmeyer schreiben: „Eine Erfahrung, die betroffene Kinder häufig machen, nämlich kein Gehör zu finden und der Lüge bezichtigt zu werden, setzt sich bis ins hohe Erwachsenenalter fort. Immer noch muss ein betroffenes Kind im Durchschnitt acht Personen ansprechen, bis ihm jemand glaubt." [3]

Wer vorbeugen will, muss aber verstehen,
wie Täter und Opfer miteinander umgehen,
wer besonders gefährdet ist,
wer die Täter und Täterinnen sind
und was sie selbst zu Tätern oder Täterinnen macht.

Die Strategie der Täter und die Reaktion der Opfer
Werfen wir zunächst noch einmal einen Blick auf die Machenschaften der Täter und die Befindlichkeit und Einstellungen der Opfer, in der Regel sind es Kinder.

Da alle Kinder unterschiedlich empfinden und unterschiedliche Persönlichkeitseigenarten spiegeln, ist es hilfreich, die Schwachstellen zu erkennen, die von den Tätern ausgenutzt werden.

Pädosexuell empfindende Väter, Erzieher und Lehrer finden in Familien, Schulen, kirchlichen Heimen und staatlich-sozialen Einrichtungen ihren Arbeitsplatz. Sie wissen, wie sie mit Kindern und Jugendlichen umgehen müssen, um sie für ihre Zwecke dienstbar zu machen. Sie haben ein sicheres Gespür, welche Kinder und Jugendliche ihnen machtlos ausgeliefert sind. Wer in Erziehung gegensteuern will, findet in den folgenden Opferbeschreibungen sicherlich ein paar Anregungen. Welche Kinder und Jugendlichen sind gefährdet?

1. Kinder, die sich leicht beeinflussen lassen
Selbst wenn eine gewisse Anlage zu dieser Lebenseinstellung vorliegen sollte, handelt es sich oft um Kinder und Jugendliche, die von Eltern in ihrem Selbstwert und in ihrem Selbstvertrauen nicht gestärkt wurden. Eltern hatten vielleicht zu wenig Zeit, schenkten nicht genug Geborgenheit und Selbstsicherheit. Die Kinder fühlen sich nicht wertgeachtet. Sie wollen aber geliebt und geschätzt werden. Sie verhalten sich eher nachgiebig, artig und angepasst. Sie sind auf diese Weise ein gefundenes Opfer für Erzieher, die sich ihnen liebevoll und einfühlsam nähern.

2. Kinder, die sich einsam und unsicher fühlen
Auch hier liegen häufig Versäumnisse in der Erziehung vor.
Es sind Kinder und Jugendliche, die in der Familie, im Kindergarten oder in der Schule übersehen, vernachlässigt oder
ausgegrenzt wurden. Sie stehen abseits, fühlen sich igno-
riert und sehnen sich nach Anerkennung und Zuspruch.
      Genau um diese Kinder und Jugendlichen kümmern
sich die pädosexuell empfindenden Erzieher. Sie schenken
ihnen Aufmerksamkeit, Beachtung und Anerkennung. Die
Kinder und Jugendlichen blühen auf und sind eine leichte
Beute für die Erzieher oder Lehrer.

3. Kinder, die sich durch Geschenke oder bessere Noten beein-
    flussen lassen
Wer ein Kind für sich gewinnen will, findet viele Wege
und Möglichkeiten, es abhängig und gefügig zu machen.
Bestechung ist eine Methode, die fast immer funktioniert.
Mit Schulnoten hat der Lehrer das Kind fest in der Hand.
Es will nicht durchfallen und nicht sitzenbleiben. Es kann
dem Lehrer bei Missbrauch kaum widersprechen. Willfäh-
rige Kinder bekommen kleine „Pöstchen" innerhalb der
Gemeinschaft, werden anerkannt von den Tätern, und die
Jugendlichen nehmen diese Geschenke gern an. Den Missbrauch erleben viele positiv. Denn die Sexualität muss ja
schließlich befriedigt werden.
      Kommen dann noch die Kinder aus sehr schwierigen Fa-
milienverhältnissen oder wurden vom Jugendamt vermittelt, sind die Gefährdungen doppelt so groß.
      Die Kinder sind haltlos, fühlen sich nicht geborgen und
haben keine Erwachsenen, denen sie vertrauen können.
Diese Unsicherheit wird in der Regel von Tätern ausgenutzt.

Oft handelt es sich bei den Tätern um Menschen, die durchaus eine große Ausstrahlung haben und sich geschickt in Szene setzen können. Viele Täter redeten sich heraus, die Kinder und Jugendlichen hätten sie verführt. Oder sie gaben den Schutzbefohlenen die Schuld, sie hätten regelrecht Gefallen an den sexuellen Handlungen gehabt.

Gerold Becker, der ehemalige Leiter der Odenwaldschule (s. hierzu auch Kapitel 6), soll erst kurz vor seinem Tode die Schuld für viele Verfehlungen auf sich genommen und sich bei den betroffenen Schülern entschuldigt haben. Dass er nie ernsthaft zur Rechenschaft gezogen oder bestraft wurde, zeigt, wie in Deutschland in Politik und Pädagogik über Missbrauch und sexuelle Gewalt gedacht wird.

4. Die Reaktion der Opfer

Für alle Verantwortlichen in Familie und Erziehung, in Heimen, in kirchlichen und sozialen Einrichtungen sind die Reaktionen der Opfer interessant. Viele Kinder und Jugendliche haben den Missbrauch gar nicht als problematisch empfunden. Da sie kaum aufgeklärt waren und über Sexualität mit allen Erscheinungsformen wenig wussten, haben sie die Praktiken und Missgriffe als normal empfunden. Schüler, die sich wunderten, die vorsichtige Anfragen an Lehrer und Verantwortliche richteten, wurden aufgeklärt, dass schon in der Antike solche Praktiken zum liebevollen Umgang untereinander dazugehörten.

Da Lehrer und Erzieher ganz selten brutale Praktiken ausübten, bestand für die Schutzbefohlenen kein Anlass, Eltern oder die Polizei zu informieren. Das ist wieder *ein* Grund, warum Kinder und Jugendliche auch später geschwiegen haben.

Deutlich wird: Eltern, Erzieher, Lehrer und Verantwortliche sind verpflichtet, Kindern und Jugendlichen uneingeschränkt

- die Wahrheit über alle Formen der Sexualität zu vermitteln,
- die Wahrheit über sexuelle Gewalt und sexuelle Übergriffe zu erklären,
- die Wahrheit über Knabenliebe, über Päderastie und
Pädosexualität offenzulegen,
- Kindern und Jugendlichen Mut zu machen, sofort jeden Missbrauch zu melden,
- zu vermitteln, dass das Schweigen der Betroffenen
den Missbrauch verstärkt.

Noch einmal der Kernpunkt: Je mehr Defizite ein Kind
- in Bezug auf Sicherheit und Selbstvertrauen,
- Zuwendung und Anerkennung,
- Liebe, Geborgenheit und Wärme aufzeigt, desto größer ist die Gefahr, dass es Opfer sexuellen Missbrauchs
wird.

*Nicht Fremde und Unbekannte, sondern Vertraute und Bekann-
te sind die Täter*
Kinder sind normalerweise bei allem Fremden vorsichtig.
Sie wissen nicht, was sie erwartet. Darum handeln Täter in
einer Umgebung, wo sich Kinder sicher fühlen. Ist es daher
verwunderlich, dass die Täter in der Hauptsache
- leibliche Väter,
- Stiefväter,
- ältere Geschwister,
- Onkel und Großeltern,
- gute Bekannte, Verwandte, Freunde und Nachbarn
sind?

Das Kind hat keine richtigen Worte für das, was passiert.
Das Kind erlebt „Freezing", wie die Bindungsforscher es
nennen, also einen Schockzustand, ein Eingefrorensein.

Und dem Kind wird eingeredet: „Du hast mich verführt, du hast doch selbst Erregung empfunden." Das Kind schämt sich, dass ihm so etwas passiert ist. Väter und Onkel werden als Haupttäter ermittelt. Und je enger die Beziehung ist, desto weniger werden Drohung und körperliche Gewalt angewendet.

Ausdrücklich muss an dieser Stelle noch einmal betont werden, dass oft in Heimen, in sogenannten Fürsorgeeinrichtungen, wo im vorigen Jahrhundert „Verwahrloste", Disziplinlose, Verwilderte, Gestrandete, kriminelle Jugendliche – wie die Beurteilungen damals lauteten – untergebracht waren, der sexuelle Missbrauch durch Strafen, Arrest, Demütigungen und zweifelhafte Machtausübung ausgeübt werden konnte. Diese Strafmaßnahmen geschahen nachweislich noch bis in die Siebziger- und Achtzigerjahre. Auch in christlich geführten Häusern waren diese Praktiken üblich.

Wenn ich den Bericht des Landesjugendamtes im Rheinland[4] lese, der die öffentliche Erziehung von 1945 bis 1972 schildert, kommen auf 587(!) Seiten nahezu keine Berichte von sexuellem Missbrauch vor. Und die drei bis vier Fälle, die angedeutet werden, enden in der Regel positiv für die Täter. Oft wurde den Jugendlichen nicht geglaubt, denn sie wurden ja nicht umsonst in diesen Einrichtungen untergebracht.

Sexueller Missbrauch – kein reines Männerverbrechen
Viele sind der Meinung, sexueller Missbrauch sei ein reines Männerverbrechen. In der bisherigen Darstellung konnte durchaus der Eindruck entstehen. Aber das ist in Wahrheit anders. Auch Frauen und Mädchen gehören zu den Täterinnen. Dazu schreibt Elisabeth Raffauf:

„Unvorstellbar ist es, dass Frauen so etwas machen könnten. Noch dazu die eigenen Mütter. Das ist ein Gedanke, gegen den sich alles wehrt. Das darf nicht sein, das entspricht nicht unserem Frauenbild, schon gar nicht dem Bild der fürsorglichen Mutter. Tatsache aber ist: Ungefähr neunzig Prozent der Täter von sexueller Gewalt gegen Mädchen sind männlich. Ungefähr zehn Prozent sind weiblich. Wenn Jungen Opfer werden, so sind Täter sogar zu etwa 25 Prozent weiblich. Weibliche Täter sind also gar nicht so selten, wie man denkt."[5]

Übergriffe von Kindern und Jugendlichen
Im Grunde müsste ein Extrakapitel dieses Thema behandeln. Denn hier sprechen erschütternde Zahlen für sich. Wie kann man das verstehen, dass Jugendliche gegenüber Gleichaltrigen und Jüngeren sexuell übergriffig werden? Statistisch gesehen sind ein Drittel aller Täter selbst noch Kinder, Jugendliche oder Heranwachsende.

Auch unter Geschwistern ist sexueller Missbrauch relativ häufig. Ein amerikanischer Sozialwissenschaftler, David Finkelhor, ist sogar der Meinung, dass dies die häufigste Missbrauchsform ist. Die Dunkelziffer für diese Missbrauchsform sei erschreckend hoch. Er geht jedoch davon aus, dass selten ein kleines Mädchen seinen älteren Bruder anzeigt. Jedes vierte bis fünfte Mädchen und jeder zwölfte Junge wird Opfer von sexueller Gewalt. Die Missbrauchsrate bei behinderten Kindern ist besonders hoch. Sie werden zwei- bis dreimal häufiger Opfer von sexueller Gewalt. Sie verstehen erst recht nicht, was mit ihnen geschieht.

Sie akzeptieren und schweigen und können sich nicht wehren.

„Untersuchungen bestätigen, dass etwa 12 Millionen Menschen in Deutschland im Laufe ihrer Kindheit und Jugend in dieser oder jener Form sexuell missbraucht wurden. (...)

Anita Heiliger, Missbrauchsforscherin am Deutschen Jugendinstitut, zeigt auf, dass immer mehr Kinder und Jugendliche einander sexuell missbrauchen. Das bedeutet also, dass die 14–16-Jährigen die insgesamt höchste Risikogruppe ausmachen, sexuellen Missbrauch an Kindern zu begehen (...). In der Altersgruppe der 14–16-Jährigen kam es in den letzten 15 Jahren zu mehr als einer Verdoppelung (bei sexuellen Gewaltdelikten)."[6]

Der Verein *Zartbitter, Kontakt- und Informationsstelle gegen sexuellen Missbrauch an Mädchen und Jungen* berichtet,

- dass ältere Grundschulkinder bereits einen unkontrollierten Medienzugang haben und grenzverletzende Handlungen als normal empfinden,
- dass eine Reihe Kinder Pornos im Elternhaus konsumieren und die belastenden Bilder benutzen, um sie wieder in der Praxis neu zu beleben,
- dass noch vor zehn Jahren Mädchen und Jungen im Kindergartenalter nur in Ausnahmefällen orale Praktiken von Erwachsenen nachmachten, während heute laufend Mütter nachfragten, ob praktizierte orale Praktiken altersentsprechend wären.

Auch eine Erzieherin, die eine evangelische Tagesstätte für Kinder der Diakonie in Düsseldorf leitet, hat Regeln und ein Konzept veröffentlicht, das an Großzügigkeit nichts zu wünschen übrig lässt. Sie bejaht,

- dass in Kuschelecken Kinder die Möglichkeit haben, sich „Penis und Scheide" unbefangen anzuschauen;
- dass Kinder im Kindergarten ihren Körper entdecken und ihre Geschlechtsorgane berühren und streicheln dürfen;
- dass Doktorspiele erlaubt sind, wobei große Kinder und Erwachsene da keinen Zutritt haben;

- dass bei allen Spielen sich Kinder keine Gegenstände in die Körperöffnungen stecken dürfen.[7]

Kinder werden von Geburt an als sexuelle Wesen betrachtet. Sie kennen keine Trennung von Zärtlichkeit, Sinnlichkeit, Schmusen und genitaler Sexualität. Die Sexualität darf in allen Formen ausprobiert werden. Es geht um Lustgewinn. Sexualität ist eine Energiequelle, die Liebe wird ausgeklammert. Dass sich hier für die späteren Erwachsenen Defizite ergeben, sollte auf der Hand liegen.

Liebe, Verbindlichkeit, Treue, Zusammengehörigkeitsgefühle und Innigkeit werden unterschlagen. Partnerwechsel und späterer Partnermissbrauch liegen auf der Hand. Wenn der Partner die sexuelle Befriedigung nicht mehr gewährleistet, wird er ausgetauscht. Denn zur Liebe kann man nicht erziehen, meinen viele Verantwortliche. Außerdem sei es unmöglich, Liebe allgemeingültig zu definieren.

Missbrauchsopfer üben Missbrauch
Dieser Zusammenhang ist für alle Begründungen hilfreich.

Die Motivation für diese Form des Missbrauchs lautet so:

„Etwa die *Hälfte* aller Menschen, die sexuellen Missbrauch begehen, hat selbst sexuelle Gewalt erfahren. So wird, auf den ersten Blick scheinbar absurd, dieses schändliche und als traumatisch erlebte Verhalten von einer Generation an die nächste weitergegeben."[8]

Mit anderen Worten: Missbrauchserfahrung prägt unser Bewusstsein und unser Unbewusstes. Alles, was mit schönen Gefühlen zu tun hat, wird in der Missbrauchsverpackung gelernt und erfahren. Alle sexuellen Beziehungen sind von vornherein unter problematischen Umständen gemacht worden.

Auch die Erfahrung muss gehört werden: Sind Kinder und Jugendliche beim Missbrauch „gut" behandelt worden, setzt sich in den Köpfen von Missbrauchsopfern fest, gute Behandlung und Übergriffigkeit gehören zusammen. Sie praktizieren später ähnliche Verhaltensmuster.

Kinder, die mit Verwahrlosung, Isolation und Einsamkeit zu tun hatten, werden leicht Opfer von Missbrauch, weil sie geliebt und gemocht werden wollen. Täter haben ein Auge dafür.

Alkohol, Drogen, K.o.-Tropfen und Betäubungsmittel
In den letzten Jahren berichten die Zeitungen oft über „Komasaufen" von Kindern und Jugendlichen, über ein Betrinken bis zur Bewusstlosigkeit.

Ist es nur eine Lust an Alkohol?

Sind es bewusst organisierte Proteste von Jugendlichen?

Wollen sie kleine Erwachsene spielen?

Ist Langeweile ein Auslöser?

Oder geht es versteckt auch um Missbrauch?

Eines Tages erscheint eine Mutter mit ihrer Tochter bei mir in der Beratung. Sie hat die Tochter gezwungen, mitzukommen. Elena ist sechzehn Jahre alt und will nur allein mit mir sprechen (alle Umstände sind verändert, aber die Tatsachen stimmen). Die Tochter sei etliche Male erst nachts betrunken nach Hause gekommen. Männer hätten sie mit dem Auto gebracht. Die Tochter hätte nur gelallt und wäre nicht imstande gewesen, zusammenhängend über die Party zu berichten. Das höre ich zu Anfang von der Mutter.

Elena versichert sich bei mir, ob die Eltern auch nichts von den Vorfällen erführen. Und dann berichtet sie: Sie träfen sich bei einem jungen Mann, der mit einem anderen in zwei Zimmern irgendwo am Rande der Stadt lebte.

In einer Disko hätten sie sich kennengelernt. Immer zu viert kämen sie zusammen, manchmal auch zu sechst, Mädchen und Jungs. Die Männer hätten verschiedene alkoholische Getränke dabei. Man rede über alles Mögliche, labere über neue Popsongs und Pegida, schaue sich Bilder auf iPads an und ließe die Alkoholflaschen kreisen. Über kurz oder lang seien sie zugedröhnt, redeten dummes Zeug und verlören ihre Kontrolle. Die anderen Mädchen und sie gingen alle in die gleiche Schule. Sie unterhielten sich am nächsten Tag über alles. Nahezu wörtlich: „Wir sind im Laufe des Abends ohne Kontrolle, wir schweben in einer Traumwelt. Die Erste rutscht auf den Teppich, die andern hinterher. Ich glaube, die Jungen ziehen uns aus. Sie befriedigen uns und sie befriedigen sich. Alles geht im Halbschlaf. Wir sind kraftlos und willenlos. Aber das Ganze ist wunderschön. Es erschreckt mich, wenn ich das erzähle. Ich habe jedes Mal ein schlechtes Gewissen, aber gehe immer wieder hin. Den andern Mädchen ergeht es ähnlich."

„Was, glauben Sie, sind Ihre Motive?", frage ich die junge Dame.

Sie lächelt und sagt: „Wir gehen zur Schule, alles läuft langweilig ab. Politik interessiert uns nicht. Meine Eltern gehen zur Kirche und ärgern sich, dass wir Kinder keinen Bock haben! Die Eltern reden von Verantwortung. Im Moment wollen wir noch nicht. In der Familie leben wir in zwei Welten. Wir wollen Spaß haben!"

Was macht dieses Beratungsbeispiel deutlich?

- Eltern und Kinder leben in zwei Welten. Sie haben es nicht verstanden, eine gemeinsame Erlebniswelt und ein verantwortliches Zusammenleben aufzubauen. Vater und Mutter sind beruflich und in der Gemeinde hochengagiert, aber nicht in der Familie.

- Die Tochter geht eigene Wege und wehrt sich gegen den aufgepfropften Glauben.
- Selbstverwirklichung und Genuss werden großgeschrieben. Verantwortung kommt früh genug auf das Mädchen zu.
- Es hat Gewissensbisse, aber die sexuellen Wünsche sind stärker.
- Es handelt sich um Missbrauch, der aber von den Mädchen gutgeheißen wird. Ihre einkalkulierte Passivität und ihre Befriedigung sind gewollt.
- Die Eltern schämen sich, die Sache öffentlich zu machen. Sie spüren deutlich, was sie versäumt haben, und sind ratlos.

Ein gefährlicherer und gewalttätiger Missbrauch geschieht mit K.o.-Tropfen. Auch junge und ältere Männer, die ihre sexuelle Gier stillen wollen, benutzen K.o.-Tropfen, die sie heimlich in Getränke mischen, um die Opfer gefügig zu machen. Hin und wieder zeigen Opfer die Täter an, haben aber in der Regel ein schlechtes Gewissen, weil sie sich freiwillig auf ein Abenteuer eingelassen haben.

Während ich an diesem Manuskript arbeite, lese ich in der Tageszeitung einen Bericht über einen Arzt, der an jungen Patientinnen Missbrauch getrieben haben soll, nachdem sie von ihm mit bestimmten zusätzlichen Betäubungsmitteln willenlos gemacht worden waren. Wörtlich schreibt die Zeitung: „Es sind vier der insgesamt zwölf Frauen, die sich dem deutschlandweit anerkannten Gefäßchirurgen für eine angebliche Studie anvertraut haben und die im Nachhinein einen Albtraum erleben: Denn der Arzt soll ihnen ein Hypnotikum verabreicht, sie in ihrem wehrlosen Zustand missbraucht und dabei gefilmt haben."[9]

Eine Medizinstudentin klagte anschließend lange über Benommenheit, ließ sich untersuchen und stellte eine sehr hohe Dosis eines Hypnotikums fest. Der Anwalt, der mehrere Frauen vertritt, schildert, dass die Situation für die Opfer extrem belastend sei. Laut Anklage wollte der Arzt sich an den Frauen im Alter zwischen 17 und 28 Jahren sexuell befriedigen. Im gleichen Artikel werden drei weitere Missbrauchsfälle in anderen Städten geschildert. Ein Frauenarzt wurde zu dreieinhalb Jahren Haft verurteilt, weil er insgeheim Zehntausende Fotos von seinen Patientinnen angefertigt hatte. In Hildesheim hatte ein Kinderkrankenpfleger serienweise junge Mädchen betäubt und sexuell missbraucht. Er wurde zu neuneinhalb Jahren Haft verurteilt.

Folgen des sexuellen Missbrauchs
Dass sexueller Missbrauch Folgen hinterlässt, steht außer Frage. Wie können die Folgen aussehen? Ich beginne mit einem Beratungsbeispiel. Eine Frau um die 40 Jahre alt hat sich mit Eheproblemen an mich gewendet. Sie erzählt mir eine äußerst unangenehme Erfahrung als Kind mit dem Großvater. Oft weilte sie als Kind beim Opa, der allein lebte. Seine Frau war bereits gestorben. Damals war sie zwischen 5 und 9 Jahre alt, vielleicht auch schon 10 oder 11. Wenn sie nach dem Essen zu Hause zu ihm kam, sagte er zur Enkelin: „Weißt du was, wir machen zuerst mal ein Mittagsschläfchen. Dann sind wir beide frisch für den ganzen Nachmittag." Beide legten sich aufs Sofa. Der Opa mit dem Rücken zur Wand, die Enkelin vor ihm, die ihm auch den Rücken zudrehte. „Wir streicheln uns ein bisschen, das ist schön!"

Er streifte der Enkelin den Schlüpfer herunter und streichelte sie von hinten in und an der Scheide. Sie durfte den Opa am Glied streicheln.

Ihre beiden Eltern waren berufstätig und glücklich, dass

die Enkelin beim Opa untergebracht war. Der kümmerte sich intensiv um das Mädchen. Für die Enkelin war Sexualität ein Geheimnis. Zu Hause war nie darüber gesprochen worden. Zuerst fand sie das Streicheln unangenehm. Aber je älter sie wurde, fand sie „das ausgesprochen schön".

Dann erlebte sie, dass in der Schule über „sexuellen Missbrauch" gesprochen wurde. Was an Kindern bis zum Alter von 16 Jahren geschehe, wurde als Verbrechen charakterisiert. Die Enkelin war schockiert. Ab der Zeit mied sie den Kontakt zum Opa mit fadenscheinigen Begründungen. Den Eltern erzählte sie nichts. Das Mädchen fühlte sich mitschuldig.

Mit 25 Jahren heiratete sie und hatte nur ein Problem bei sexuellen Beziehungen mit ihrem Mann. Wenn er sie von hinten anfasste und berührte, zuckte sie erschreckt und abwehrend zusammen und hatte ihm sogar einmal ins Gesicht geschlagen, weil sie an das „Verbrechen" erinnert wurde. Dieser handgreifliche Ausrutscher brachte sie in die Beratung.

Andere sexuelle Probleme hatte sie nicht.

Wir halten fest:

- Was die Enkelin erlebte, *ist* sexueller Missbrauch, *ist* sexuelle Gewalt.
- Ältere Personen, hier der Opa, missbrauchen ihre Stellung, missbrauchen ihr Wissen.
- Dieses Beispiel macht aber auch deutlich: Es müssen nicht immer schwere sexuelle Folgen im Zusammenleben mit Partnern oder Partnerinnen erfolgen.

Der „soziale Tod"

Der Ausdruck stammt von Professor Heitmeyer. Er macht deutlich, dass die Betroffenen ihr Vertrauen in die soziale Umgebung nach sexueller Gewalterfahrung verloren haben. Sie sind misstrauisch. Dieses Misstrauen untergräbt die spätere Beziehungsfähigkeit. Beratung, Seelsorge und Therapie wollen diese Defizite verringern. In schweren Fällen kann es zu Isolation, Liebesverlust, zu Selbstwertverlust und Kontaktverlust kommen. Nach meiner Erfahrung muss der sexuelle Missbrauch aber äußerst belastend gewesen sein, und der Betroffene oder die Betroffene sind häufig besonders sensibel.

Sexueller Missbrauch und Traumatisierung
In der Stressforschung hat es einen Blickpunktwechsel gegeben. Nicht psychische Störungen allein, wie Verlust des Arbeitsplatzes, Überarbeitung, Scheidung oder ein Todesfall, rufen traumatische Verletzungen hervor, sondern auch kritische Lebenserfahrungen wie sexuelle Gewalt können seelische Störungen verursachen. Seit den Achtzigerjahren sprechen wir von der PTBS, von der „posttraumatischen Belastungsstörung". Diese Störung wurde nach dem Vietnamkrieg offiziell in die Diagnosemanuale aufgenommen. Sie beinhaltet, dass Jahre oder Jahrzehnte später noch traumatische Erfahrungen sich im Alltag, im Schlaf oder in der Erinnerung bemerkbar machen können. Daraus kann sich ein Vermeidungsverhalten entwickeln, sodass beispielsweise dunkle Orte, Gespräche über die damaligen Ereignisse, auch bestimmte Aktivitäten, die damit verbunden waren, vermieden werden. In schlimmen Fällen kann die sexuelle Erregung gestoppt werden, um den möglichen Bedrohungen, die damit verbunden waren, aus dem Wege zu gehen. Wieder handelt es sich – nach meinen Erfahrungen – um hochsensible Menschen, die stärker und hellhöriger auf alle Ereignisse im Leben reagieren.

In solchen schweren Fällen ist oft eine lange Therapie erforderlich.

Angst als Folge sexuellen Missbrauchs
Sie tritt später umso deutlicher in Erscheinung, wenn die Erfahrungen als Kind und Jugendlicher mit großer Angst verbunden waren. Diese Angst kann später immer präsent sein.
Sie hat den Jugendlichen begleitet. Es kann sich um Angst vor
Männern, um Angst vor Dominanz, um Angst, diskriminiert
und erniedrigt zu werden, handeln. Diese Angst kann alle
Lebensenergie binden. Man wird zum Außenseiter. Krank-
heiten stellen sich ein. Zum Beispiel reagieren nicht wenige
mit Depressionen, mit unerklärlichen Ängsten oder Phobien.
Leider können solche Menschen später drogensüchtig oder
medikamentenabhängig werden, um diese Ängste zu betäu-
ben. Oder sie ziehen sich aus dem sozialen Leben zurück.

Das Gleiche gilt für die Liebe. Der Missbrauchte sehnt
sich wie jeder andere. Aber er hat böse Gefühle: Ist das
wirklich Liebe, was er empfindet, oder nur ein böser Trieb?
Etwas Verfluchtes, was er bei seinem Lehrer im Heim erlebt
hat? Er zweifelt an sich und seiner Liebe. Er fühlt sich in-
nerlich zerrissen. Ehrlicherweise muss ich hier einblenden,
dass ich diese Gefühle auch bei Christen erlebt habe, die
nicht missbraucht wurden, die durch Eltern oder Verkündigung von ihrer Sündhaftigkeit, von ihrem sexuellen Egoismus völlig überzeugt waren.

Sie schämten sich, einem jungen Mädchen oder einer
jungen Frau ihre „Liebe" zu bekennen.

Sie meinten, dass in erster Linie sexuelle Sehnsüchte ihre
Liebeswünsche beflügelten.

Ganz sicher kann ich heute sagen, dass sexueller Missbrauch in Seelsorge und Beratung immer auch mit dem
Gewordensein, mit der Prägung in der Familie, mit Ver-
erbung, mit der Persönlichkeit dieses Menschen und seinen positiven oder negativen Erfahrungen zu tun hat. Der
Hochsensible erlebt alles intensiver, oft auch negativer.

KAPITEL 3

Das Sexualwesen Mensch – die positive Deutung

Wenn wir die verschiedenen Formen sexuellen Missbrauchs bei Beziehungen und andere Abwege und Irrwege sexuellen Verhaltens verstehen wollen, müssen wir uns ernsthaft mit der Sexualität des Menschen beschäftigen.

Zunächst die positive Seite
Über Sexualität wird in der Bibel sehr offen geredet, und zwar menschlich, mit Regeln und Normen, poetisch und seelsorgerlich. Gott hat den Menschen als sexuelles Wesen, als Mann und Frau, geschaffen. Der erste Auftrag, den der Mensch enthält, beschäftigt sich mit seiner sexuellen Aktivität.

„Und Gott schuf den Menschen zu seinem Bilde, zum Bilde Gottes schuf er ihn; und schuf sie als Mann und Frau. Und Gott segnete sie und sprach zu ihnen: ‚Seid fruchtbar und mehret euch und füllet die Erde und macht sie euch untertan und herrschet über die Fische im Meer und über die Vögel unter dem Himmel und über das Vieh und über alles Getier, das auf Erden kriecht'.“ (1. Mose 1, 27–28)

Deutlich wird:

- Das sexuelle Sein des Menschen,
- das sexuelle Handeln des Menschen,
- der sexuelle Auftrag des Menschen,
- die Sexualität

sind ein gutes Gottesgeschenk.

Was verstehen wir unter Sexualität?
Leider beginnen hier die Missverständnisse. Das Wort Sexualität bedeutet: *Geschlechtlichkeit.* Das beinhaltet weit mehr als körperlich sexuelle Beziehungen. Die sexuelle Differenzierung von Mann und Frau ist ein Kernpunkt der Schöpfung Gottes.
Beide sind unterschiedlich,
beide sind nach Gottes Bild gemacht,
beide erleben körperlich und emotional die sexuelle Anziehung unterschiedlich,
beide ziehen sich an, um ein Fleisch zu werden.

Sexualität gehört zum menschlichen Leben dazu wie Haare, Ohren, Herz und Beine. Sexualität ist für das menschliche Leben unverzichtbar. Menschliches Leben ist ohne Sexualität nicht denkbar. Der Begriff ist im internationalen Sprachgebrauch gleichbedeutend mit *Geschlechtlichkeit.* Sexualität ist abgeleitet von Sexus, das Geschlecht. Es meint das biologische Geschlecht. Darum nannte Professor Thielicke seine Ethik „Sex – Ethik der Geschlechtlichkeit".

Meine Sexualität,
das ist meine Geschlechtlichkeit als Mann,
meine Sexualität,
das ist meine Geschlechtlichkeit als Frau,
meine Sexualität,
das ist *mehr* als Glied und Scheide, *mehr* als die Geschlechtsorgane und körperlich sexuelle Beziehungen.
Meine Sexualität bestimmt mich in jeder Zelle,
meine Sexualität, sie kennzeichnet mich vom Scheitel bis zur Sohle,
meine Sexualität ist mehr als meine Genitalität,
meine Sexualität, das ist kein Zubehörteil,
meine Sexualität, das ist Gottes gute Schöpfung.

Mann und Frau sind sexuell aufeinander bezogen
Schon das 2. Kapitel im 1. Buch Mose schildert diesen Tatbestand: „Darum wird ein Mann seinen Vater und seine Mutter verlassen und seiner Frau anhangen, und sie werden sein ein Fleisch." (1. Mose 2,14)

Die sexuelle Anziehung ist stärker als die Bindung an die Eltern. Die sexuelle Anziehung ist gottgewollt. Mann und Frau sind füreinander da. Sie erleben eine beglückende Sexualität,

- wenn Geben und Nehmen,
- Schenken und Beschenktwerden,
- Beglücken und Beglücktwerden,
- Gelten und Geltenlassen zusammengehören.

Keine Scham und keine Peinlichkeit
Die Bibel spricht begeisternd und in kindlicher Offenheit über sexuelle Freuden. Lesen Sie das Hohelied der Liebe!

Keine falsche Scham.

Keine Peinlichkeit.

Keine Schuldgefühle.

Kein Durch-die-Blume-Reden. In Kapitel 7 heißt es:

„Ich will auf die Palme steigen und ihre reifen Früchte genießen. Freuen will ich mich an deinen Brüsten, die den Trauben am Weinstock gleichen. Deinen Atem will ich trinken, der wie frische Äpfel duftet; deine Lippen will ich spüren, denn sie schmecken mir wie ein edler Wein."

Ein Bischof hat es 150 Jahre nach Christi Geburt auf den Punkt gebracht: „Wir sollen uns nicht schämen, die Dinge beim Namen zu nennen, die Gott sich nicht geschämt hat, zu erschaffen."

Das Eheleben im Garten Eden
Der erste Mann war mutterseelenallein auf der Welt.

Er hatte keinen Gesprächspartner,
keine Pflegerin,
keine Geliebte.

Gott sah, dass der Mann sich einsam fühlte und eine Partnerin, ein Gegenüber, suchte. Und so machte er dem Mann das größte Geschenk seines Lebens. Aus einer Rippe schuf er die Frau als ständige Gefährtin. Adam spürte sofort, „das ist Bein von meinem Bein und Fleisch von meinem Fleisch." (1. Mose 2, 23) Die Frau ist kein Fremdkörper. Die nahe Verwandtschaft ist offensichtlich. Der Abstand zu den Tieren ist viel größer.

Dem ersten Paar gibt Gott den Auftrag: „Mehret euch und füllt die Erde" (1. Mose 1,28). Die Sexualität soll einem doppelten Zweck dienen:

- Dem Ausdruck der gegenseitigen Liebe und
- der Ausbreitung des Menschengeschlechtes.

Beide sind verzückt, sie ziehen sich sexuell an. Ihre Körper und ihre Seelen finden Gefallen aneinander.

Die Ergänzung ist perfekt.

Die Ergänzung befriedigt beide Seiten.

Die Ergänzung beglückt Mann und Frau.

Ohne sie war er unvollständig.

Ohne ihn war sie unvollständig.

Beide genießen die Sexualität und werden ein Fleisch.

Beide erfahren den Segen Gottes für die geschlechtliche Vereinigung.

Sexualität ist kein unsteuerbarer Trieb
Wir haben in unserem Körper keine selbstständige Drüse, die uns ohne Einklang von Herz und Hirn sexuell steuert. Niemand unterhält in sich einen selbstständigen Trieb, der uns gewissenlos und ohne Moral in bestimmte Richtungen treibt.

Ganz sicher, wir können uns gehen lassen,
ganz sicher, wir können uns treiben lassen,
ganz sicher, wir können uns versuchen lassen.
Aber es bleibt dabei: Wir haben es zugelassen. Wir haben
Ja gesagt.
Das sexuelle Bestreben des Menschen ist stark, ohne
Zweifel. Gott weiß es.
Aber wir Menschen sind nicht triebbestimmt.
Wir Menschen sind in erster Linie geistgeprägt.
Würde der Mensch einseitig von seinen Trieben be-
stimmt,

- könnten wir nicht von seiner *Verantwortung* sprechen,
- könnten wir nicht von seiner *Liebe* reden,
- könnten wir nicht seine *Treue* erwarten,
- könnten wir nicht von *Werten* bei ihm berichten,
- könnten wir nicht von seiner *Sinnorientierung* ausgehen.

Der Geist gibt den Ton an. Als Geistwesen realisieren wir
unser Leben.

Sex ist eine Frage der Beziehung
Menschen erleben die körperlich-sexuellen Kontakte in
erster Linie als persönliche Begegnung und nicht nur als
biologischen Akt. Ist es nicht merkwürdig, dass der Mensch
das einzige Wesen ist, das sich beim Geschlechtsverkehr –
jedenfalls oft – das Gesicht zuwendet?
Die Partner sehen sich an,
die Augen begegnen sich,
die Münder nehmen Kontakt auf,
im Gesicht spiegeln sich am klarsten unsere Gefühle.

Wie ganz anders erlebt das Tier die sexuelle Begegnung. Mein
Vater war Hühnerzüchter. Zirka 200 Hühner liefen in einer
großen Umzäunung umher. Mittendrin einige Hähne. Wenn

ich einige Minuten vor dem großen Hühnergehege stand, sprang oft ein Hahn von hinten auf die Henne. Man konnte ruhig bis zwei zählen, dann war der sexuelle Akt vollzogen.

Ohne Vorspiel,

ohne Zärtlichkeit,

ohne tiefe Zuneigung,

wenn man das menschlich so beschreiben darf. Keiner der beiden Partner zeigte Dankbarkeit, Freude über die Beglückung. Beide gingen sofort ihrer Wege. Kein Blick zurück. Nichts.

Der sexuelle Akt geschieht mitten im Getümmel. Beide Tiere ziehen sich nicht in eine stille Ecke zurück, in eine traute Privatsphäre. Beide befriedigen in Sekundenschnelle ihren Trieb und kehren augenblicklich zur Normalität zurück. Er stolziert dort entlang, sie pickt unbeirrt und ungeniert weiter auf dem Boden herum. Keine Sensation und kein spezielles Event auf dem Hühnerhof.

Der Mensch erlebt die sexuelle Beziehung völlig anders. Er zieht sich in die Privatsphäre zurück. Während ich dies schreibe, lese ich in der Tageszeitung, dass zwei junge Menschen bestraft wurden, weil sie sich in einem öffentlichen Bad gegenseitig sexuell befriedigten. Die Bild-Zeitung brachte den Vorfall auf der Titelseite. Der Sexualakt in der Öffentlichkeit ist tabu.

Zwei Menschen wollen die Begegnung *genießen,*

zwei Menschen wollen einander *beschenken,*

zwei Menschen wollen sich *beglücken,*

zwei Menschen wollen in der Regel *mehr als* eine körperliche Befriedigung.

Unser Gott denkt nicht leibfeindlich

Sex ist keine schmutzige Angelegenheit oder ein Thema für unanständige Witze. Wie hoch die Bibel die sexuelle Beziehung der Eheleute einschätzt, wird an einer Stelle im 5. Buch Mose deutlich, die häufig überlesen wird.

„Wenn ein Mann neu vermählt ist, muss er nicht mit dem Heer ausrücken. Man soll auch keine Leistung von ihm verlangen. Ein Jahr lang darf er frei von Verpflichtungen zu Hause bleiben und die Frau, die er geheiratet hat, erfreuen." (5. Mose 24,5)

Das heißt doch im Klartext: Nicht einmal die Generalmobilmachung eines Landes im Ernstfall und der Kriegsdienst haben Priorität, wenn es um die Einübung der sexuellen Liebe geht. Gott schätzt die sexuelle Liebe der Neuvermählten so hoch ein, dass er sie für ein Jahr lang vor Verpflichtungen und Entbehrungen bewahren will. Die sexuelle Liebe ist in den Augen Gottes für das Glück der jungen Ehe keine Nebensächlichkeit, sondern ein wesentlicher Bestandteil.

Die Bibel scheut sich auch nicht, die mystische Einheit zwischen Mensch und Gott problemlos mit der sexuellen Vereinigung zu vergleichen. Der Epheserbrief drückt es so aus:

„Darum wird der Mann Vater und Mutter verlassen und sich an seine Frau binden, und die zwei werden ein Fleisch sein. Dies ist ein tiefes Geheimnis; ich beziehe es auf Christus und die Kirche." (Epheser 5,31–32)

Was heißt das?

1. *Ehe als Gleichnis zwischen Gott und seinem Volk*
   Die Bibel hat den Mut, die tiefste und innigste Verbindung zweier Menschen im Geschlechtsverkehr als Modellvorstellung für Gottes Bund mit den Menschen zu charakterisieren. Die Erneuerung der Ehe ist immer auch eine Erneuerung des Bundes Gottes mit seinem Volk.

2. *Christus ist der Bräutigam*
   Und am Ende der Offenbarung (Offenbarung 19,7 und 21,2) spricht der Text sogar von der „Hochzeit des Lam-

mes". Die Hochzeit beinhaltet aber auch die „Vereinigung" von Bräutigam und Braut, und kein Geringerer als Paulus bezeichnet das „Ein-Fleisch-Werden" als Vereinigung von Christus mit seiner Kirche.

Sexualität als Aufgabe
Das ist ein biblisches Grundprinzip, dass einer Gabe auch eine Aufgabe entspricht. „Ein Fleisch-Sein" beinhaltet:
- zwei Menschen werden sexuell eins,
- zwei Menschen verbinden sich ganzheitlich,
- zwei Menschen gehören unverbrüchlich zusammen,
- zwei Menschen freuen sich aneinander.

Zur positiven Ausgestaltung der Sexualität haben wir im Grunde keine genauen Ausführungen. Jedem Paar ist sein individueller Gestaltungsspielraum gegeben. Erlaubt ist,
- was beiden Spaß macht,
- was beide gern gemeinsam oder für den anderen tun,
- was beide in Liebe verantworten können.

Die Sexualität ist hineingeordnet in eine partnerschaftliche Beziehung. Aus diesem Grunde gehört die *Rücksichtnahme* zur Sexualität. Der *Genuss* des einen auf Kosten des anderen ist nicht denkbar. Am klarsten wird das beim Ehebruch.

Ehebruch ist Verrat am andern.
Ehebruch ist Missachtung des Partners.
Ehebruch verletzt und diskriminiert das Gegenüber.

Auf diesem Hintergrund wird deutlich,
wo die Abwege der Liebe und der Sexualität sich auftun,
wo der *Missbrauch* beginnt.

Jeder Zwang, jede Erpressung und jede Lieblosigkeit, die auf dem Gebiet der körperlich-sexuellen Beziehung geschehen, verstoßen gegen den Maßstab der Liebe.

Dass es trotzdem bei Menschen, dich sich aufrichtig zu diesen Maßstäben bekennen,
zu Enttäuschungen,
zu Gefühlen von Bitterkeit,
zu Kränkungen und
zu Schmerzempfindungen
kommen kann, hat mit der menschlichen Schwäche, mit ihren Fehlern, mit ihrem Egoismus, und mit ihrer Sündhaftigkeit zu tun.

Die Einheit von Leib, Seele und Geist
In der Psychologie wurde in der Vergangenheit ein entscheidender Fehler gemacht. Man trennte das Geistliche, das Spirituelle vom Psychischen. Wenn wir Seelsorge richtig verstehen wollen, gehören spirituelle, psychische und leibliche Aspekte nahtlos zusammen. Psychologieprofessor Benner nimmt als bewusster Christ in einem neuen Buch Stellung und schreibt:

„Die menschliche Persönlichkeit besteht aus einem einzigen nahtlosen Gewebe und ist auf eine tief greifende grundlegende Weise geeint. Untersucht man das Innenleben des Menschen ohne reduktionistische oder materialistische Vorurteile, so zeigt sich deutlich die tiefe Verflechtung seiner psychischen und spirituellen Bedürfnisse und Prozesse. Diese liegen sogar so eng beieinander, dass jeder Versuch, das Psychische vom Spirituellen zu trennen, zu einem Verlust der fundamentalen Einheit der Seele führt."[10]

Für die Trennung ist Sigmund Freud ein gutes Beispiel. Er hielt Geister und Dämonen für Projektionen emotionaler Impulse und Gott für die Verdrängung der ödipalen Ambivalenz. Ganz anders C. G. Jung, der eine tief greifende Vernetzung von spirituellen und psychischen Aspekten betonte. Professor Benner zitiert ihn folgendermaßen: „Ja, jeder krankt in letzter Linie daran, dass er das verloren hat, was lebendige Religionen ihren Gläubigen zu allen Zeiten gegeben haben, und keiner ist wirklich geheilt, der seine religiöse Einstellung nicht wieder erreicht hat.'"[11]

Das heißt: Alle Bereiche, von denen wir sprechen, Leib, Seele und Geist, sind untrennbar miteinander verbunden. Nicht der Mensch *hat* eine Seele, er *ist* Seele. Nicht er *hat* einen Leib, er *ist* Leib. Nicht er *hat* einen Geist, er *ist* Geist.

Der Mensch kann also aus verschiedenen Perspektiven betrachtet werden. Der Mediziner, der Psychologe, der Seelsorger, der Neurologe, der Biologe, der Psychoimmunologe und der Richter sehen den Menschen je mit ihren Augen. Es bleibt aber dabei, dass all diese das Zusammenspiel aller Teile des Menschen würdigen müssen.

Die Fragen nach Sinn und Moral sind zutiefst spirituelle Fragen. Wenn es um Lüge und Wahrheit, um Vergebung, um Anständigkeit, Ehrlichkeit, Lauterkeit, Treue und Liebe geht, haben Psychologie und christlicher Glaube grundverschiedene Ansätze.

Wenn Psychologen erklären, dass die religiöse Erfahrung lediglich ein differenziertes neurologisches Geschehen sei oder ein Zurückschreiten auf eine kindliche Stufe, dann wird hier eine reduktionistische Denkweise deutlich.

Zwei Wege müssen vermieden werden: die Zurückführung des christlichen Glaubens auf die Erklärungsmuster der Psychologie. Das Gleiche gilt für den christlichen Glauben, der ohne Kenntnisse der Psychologie, der Biologie und anderer Wissenschaften vermittelt wird. Alle Disziplinen haben es mit dem *ganzen* Menschen zu tun.

Wenn wir später sexuelle Abirrungen, Entgleisungen und Missbrauch verstehen wollen, müssen wir diesen Zusammenhang im Auge behalten.

KAPITEL 4

Die kritische Seite der Sexualität

Eines ist klar: Der Mensch ist nicht nur gut. Er ist „böse" von klein auf. Die Vollkommenheit gibt es auf der Erde nicht.

Viele Konflikte auf dem Gebiet der Sexualität geschehen,
- weil Mann und Frau verklemmt sind,
- weil sie schmutzig über sexuelle Beziehungen denken,
- weil sie mit Gewalt ihre sexuellen Wünsche befriedigen wollen,
- weil sie ihre Bedürfnisse, ihre Wünsche und ihre Leidenschaften nicht zügeln können und wollen,
- weil sie durch Pornos, Filme, Bilder und Romane, die die sexuelle Fantasie anregen, ihre Selbstkontrolle untergraben,
- weil sie als Kinder und Jugendliche von Erwachsenen verführt wurden usw.

Die globale sexuelle Revolution
Sie begann spätestens seit den Sechzigerjahren des vorigen Jahrhunderts. Mit ihr wurden verbindliche Maßstäbe über den Haufen geworfen. Wenn wir heute auf unsere Gesellschaft schauen, erleben wir
- unzählige zerbrochene Familien,
- eine Infragestellung von Ehe und Familie,
- viele alleinerziehende Mütter und Väter,
- Millionen Pornosüchtige,
- Millionen von sexuell missbrauchten Kindern,

- Millionen abgetriebene Kinder,
- eine Deregulierung der sexuellen Normen.

Die Einehe wird mehr und mehr infrage gestellt. Die permissiven Formen des Hedonismus und der sexuellen Promiskuität greifen um sich und werden geduldet. Dem Ausleben von Leidenschaften und Begierden steht kaum noch etwas im Wege. Die personale Liebe wird entwertet. Alle Triebe dürfen unreflektiert ausgelebt werden. Der Mensch ist frei, er darf und soll sich selbst verwirklichen.

Gender-Mainstreaming
Im Jahre 2000 hat die Europäische Union, und damit auch die Bundesregierung, die „Gleichstellung von Frauen und Männern" festgeschrieben. Im Grunde war sie schon in unserer Verfassung (Artikel 3) verankert. Aber diesmal tauchte ein neuer Begriff auf: „Gender-Mainstreaming".

Was beinhaltet dieses Wortgebilde? *Gender* (engl.= Geschlecht) meint das *soziale* Geschlecht. Vertreter des Gender-Mainstreaming sind der Meinung, dass das Geschlecht des Menschen *kulturell* geprägt werde und sich daher wandeln könne. Darum betonen radikale Gendertheoretiker, dass man nicht nur von zwei Geschlechtern sprechen kann. Vielmehr gäbe es unendlich viele individuell konstruierte Geschlechter. Die Begriffe „Mann und Frau", auch „männlich und weiblich", seien überholt. Das andere englische Wort *sex,* es meint das *biologische* Geschlecht, wird nicht mehr verwendet. Das heißt: Die geschöpfliche Grundordnung des Lebens wird angegriffen. Die Auflösung der Geschlechtergrenzen wird angestrebt.
- Eine Wertediskussion hat nicht stattgefunden,
- ein gesellschaftlicher Konsens fehlt,
- auf dem Verordnungswege wird „zum Besten" der

Menschen – ohne tief greifende Diskussionen – eine neue politische Herrschaft ins Blickfeld gerückt.

Welche Ziele verfolgen die Anhänger des Gender-Mainstreaming?

- Die Unterscheidung der Geschlechter muss vermieden werden, da sie nur Machtunterschiede ausdrückt;
- Abschaffung der „Zwangsheterosexualität";
- die Sprache muss neue Begriffe finden, die diesem Denken gerecht wird;
- vor diesem Hintergrund darf es auch keine weiblichen oder männlichen Eigenschaften mehr geben;
- es geht nicht in erster Linie um die Gleichbehandlung von Männern und Frauen (diese Tatsache wird von Christen und Andersdenkenden bejaht), es geht um „Gleichheit der geschlechtlichen Vielfalt", es geht um „Polygender";
- es gibt – im Sinne von Gender-Mainstreaming – keine natürlichen Rollen für Männer und Frauen.

Kinder und Schüler werden unterrichtet, dass es Menschen gibt, die sind:

heterosexuell, schwul, lesbisch, bisexuell oder auch transsexuell, wobei Experten heute davon ausgehen, dass von 1000 Personen nur zwei bis drei von der sogenannten Intersexualität betroffen sind. Gender-Anhänger kritisieren: Weil Menschen bei der Geburt in Jungen und Mädchen eingeteilt werden, fände eine Weichenstellung statt. So würden Männer und Frauen durch Erziehung, Beeinflussung und Sozialisation „sozial konstruiert". Das sei eine willkürliche Festlegung. Man müsse sie bekämpfen.

Der Mensch ist aber kein *Konstrukt*, sondern ein *Geschöpf*.

Gender-Mainstreaming-Anhänger sprechen von Opfern und Tätern. Die Täter, Christen, Konservative, Unbelehrbare und Menschen von gestern, praktizierten *Homophobie* (Abneigung und Diskriminierung der Homosexuellen, der Bisexuellen und Transsexuellen). Hausfrauentätigkeiten, die in Fernsehwerbungen gezeigt werden, müssten als „entwürdigend" verboten werden. Leidtragende sind die Frauen, weil ihre Wahlfreiheit zwischen häuslicher und Erwerbstätigkeit massiv eingeschränkt wurde.

Inwieweit fördert die sexuelle Revolution den Missbrauch?

- Alte Werte, die Ehe, Familie, Mannsein und Frausein und die Beziehung schützten, sind preisgegeben worden. Die innige Beziehung von Mann und Frau zählt nicht mehr. Leib und Sexualität sind vom Ich und von der Verantwortlichkeit entfremdet. Die Selbstverwirklichung bestimmt das Zusammenleben. Und wenn Treue, Verbindlichkeit und Liebe im Zusammenleben nicht mehr zählen, dann geht es in erster Linie um sexuelle Befriedigung. Der Körper wird zur Ware auf dem Arbeits- und Vergnügungsmarkt. Die Gender-Theorie will die „Diktatur der Natur" aufheben. Die Identität des Menschen wird von seiner beliebigen sexuellen Orientierung bestimmt und ist deswegen flexibel.

- 1974 ist die Pornografie freigegeben worden. Das Ebenbild Gottes, das wir nach dem Willen Gottes sein sollen, ist dadurch infrage gestellt. Die Bibel sagt, dass wir nicht nur einen Leib haben, nein, dass wir Leib *sind. Soma* (Leib), *Psyche* (Seele) und *Pneuma* (Geist) gehören nahtlos zusammen. Wenn beispielsweise in der Pornografie der Leib in erster Linie der Lustbefriedigung dient, nur noch als Ware verkauft wird, ist sexueller Missbrauch nicht weit.

- Mit Macht wendete sich die katholische Kirche gegen die Freigabe der Pille. Papst Paul VI. betonte: „Männer können die Ehrfurcht vor der Frau verlieren und, ohne auf ihr körperliches und seelisches Gleichgewicht Rücksicht zu nehmen, sie zum bloßen Werkzeug ihrer Triebbefriedigung erniedrigen und nicht mehr als Partnerin ansehen, der man Achtung und Liebe schuldet.“[12]

- Die Legalisierung der Abtreibung mit dem Slogan „Mein Bauch gehört mir" hat den verantwortungslosen sexuellen Umgang miteinander bestätigt. Der Missbrauch kann Einzug halten.

- Die Soziologin Gabriele Kuby schreibt, was unter dem Begriff „sexuelle Orientierung" zu verstehen ist: „In dieser Definition ist keine Art von sexueller Präferenz und Aktivität ausgeschlossen, als da sind: Pädophilie (Sex mit Kindern), Inzest (Sex mit Blutsverwandten), Polygamie (Vielehe), Polyandrie (Vielmännerei), Polamorie (Sex mit mehreren Personen) oder Zoophilie (Sex mit Tieren). Welches Geschlecht einer hat, soll also eine Frage der willkürlichen, subjektiven Entscheidungen sein.“[13]

Das heißt, dass die Sexualität aus zwei wesentlichen Bestimmungen gelöst wird: der verbindlichen Beziehung von Mann und Frau in der Ehe und der Fortpflanzung. Noch einmal Gabriele Kuby: *„Klartext:* Alle moralischen Kriterien, wie der Mensch verantwortlich mit der Kraft der Sexualität umgeht, werden als ,Diskriminierung' eingestuft. Die für den Menschen essentielle moralische Unterscheidung zwischen richtig und falsch, gut und böse, soll im Bereich der Sexualität verboten werden."

- Gender-Mainstreaming will in Kitas und Kindergärten systematisch die „geschlechterstereotypen Vorlieben" bei Jungen und Mädchen, die geschlechtsbezogene

Berufe wählen, überwinden. Kleine Mädchen werden angehalten, Fußball zu spielen, sich körperlich durchzusetzen, zu schreien und zu boxen. Sie sollen besonders in den Bereichen Technik, Werken und Computer gefördert werden. Jungen sollen durch Massage und Körperpflege eine positive Körperwahrnehmung erlernen, in weibliche Rollen schlüpfen, Nägel lackieren und den „Hausmann" spielen.

Noch einmal die Soziologin Gabriele Kuby: „Die gezielte Verunsicherung der Geschlechtsidentität von Kindern ist aber keine Befreiung, sondern ideologischer **Missbrauch** des abhängigen Kindes, denn: Der Mensch kommt *plastisch* auf die Welt, und zwar als Junge oder als Mädchen. Entstanden ist er durch die Verschmelzung einer weiblichen Zelle mit einer männlichen Samenzelle." [14]

Der Verlust der Scham

Das ist die Überschrift eines Leitartikels in *Idea spektrum* vom Leiter des Kulturressorts der Zeitschrift *Cicero*, Alexander Kissler. „,Mach's mit!' Die Aufforderung ergeht von Plakatwänden herab an alle – Kinder und Greise, Frauen und Männer. Mitmachen soll die Welt beim gummibewehrten Geschlechtsverkehr. Möglichst oft, gerne mit wechselnden Partnern gleichen oder anderen Geschlechts, immer aber mit Präservativ." [15]

Kissler schreibt, so wolle es die Kampagne der „Bundeszentrale für gesundheitliche Aufklärung", und bestätigt, dass die strahlenden Plakatgesichter den „horizontalen Nachvollzug fordern".

Er beschreibt eine weitere Schamlosigkeit: „Heute wirst du flachbelegt". So werden Pizzas angepriesen mit der frechen Bemerkung „Isch will mit dir penne!". Nicht nur in Berlin, sondern auch in Wuppertal begegnen mir diese unvorstellbaren Zumutungen.

Kissler ist davon überzeugt: „Schamlosigkeit ist das von Politik wie Medien verordnete Normalverhalten." Sie regiert ohne Rücksicht auf Verluste. Der Schamlose kennt nur sich. Noch einmal Kissler wörtlich: „Scham ist die Frucht des Sündenfalls und insofern eine anthropologische Konstante. Wer sich schämt, dem ist es nicht egal, welches Bild er durch sein Tun und Reden erzeugt. Das Regiment der Schamlosen ist eine Diktatur des Narzissmus. Die Fernsehfratzen und Plakatgrimassen sind Vorboten einer kulturlosen Welt. Keine Kultur kann sein, wo die Scham verschwand."

Das schreibt kein Bischof oder ein Verantwortlicher der Kirchen und Freikirchen. Das schreibt ein mutiger Journalist. Ein vernichtendes Urteil über unsere Gesellschaft und ein Armutszeugnis unserer Kirchen. Halten wir noch mal fest:

- Schamlosigkeit ist ein *verordnetes Normalverhalten*.
- *Keine Kultur kann bestehen*, wenn die Scham verschwindet.
- Schamlosigkeit ist *Narzissmus*. Hierbei handelt es sich um eine krankhafte Persönlichkeitsstörung nach dem anerkannten DSM-IV, dem – international anerkannten – Diagnostischen und Statistischen Manual seelischer Störungen.[16] Warum zitiere ich es hier? Weil sexuelle Beziehungen und Praktiken nahezu in die Regellosigkeit abrutschen und sexueller Missbrauch zur Bagatelle verkommt.

Süchtig nach Pornografie?
Welche Rolle kann die Pornografie bei Missbrauch spielen? Das Wort ist aus dem Altgriechischen abgeleitet und setzt sich aus den Worten „Unzucht" und „Schrift" zusammen. In der Pornografie wird Unsittliches und Unzüchtiges schriftlich dargestellt. Das war in der Zeit so, als die Fotografie noch nicht erfunden wurde. Heute stehen Medien,

Tonträger, Filme, Videos und die globale Verbreitung im Internet und auf dem Handy zur Verfügung.

Bis zum Jahre 1973 war die Verbreitung von „unzüchtigen Schriften" verboten. Im gleichen Jahre wurde die Verbreitung legalisiert und der Begriff ‚Pornografie' eingeführt. Nur die sogenannte „harte Pornografie" blieb verboten, darunter fallen:

Sex mit Gewalt,

Sex mit Kindern,

Sex mit Tieren.

Heute sind diese Dinge in Bildern mit allen Einzelheiten für jeden verfügbar. Mit ein paar Mausklicks können Kinder und Erwachsene im Internet oder auf dem Handy sich diese Dinge in allen Variationen anschauen.

„Süchtig nach Pornografie?" lautet eine Überschrift in der Zeitschrift *Psychologie heute!*. In dem neuen Diagnose-Handbuch DSM V, das 2014 erschienen ist, wurde der Begriff ‚Pornografieabhängigkeit' nicht aufgenommen, obschon sie in 37 Prozent (!) aller Fälle als Sucht etikettiert wird. Die meisten Pornosüchtigen sind Jungen und Männer. Die Fachleute begründeten die Nichtaufnahme der Pornosüchtigkeit in das Handbuch damit, dass die Freigabe der Pornografie heute einen Rückgang des Kindesmissbrauchs ergeben habe. In einer Zeitschrift, die in Aufmachung und Darstellung keineswegs als konservativ bezeichnet werden kann, schreibt die Redaktion: „Diese Argumentation ist jedoch höchst fragwürdig, denn auch wenn man das Anschauen von Kinderpornos für nicht verwerflich hält – das Entstehen der Fotos und Filme ist es unbedingt. Der Fall Edathy lässt grüßen."[17]

In der gleichen Zeitschrift beschäftigt sich ein Artikel mit Pornos. Ergebnis: „Ob als DVD, Softporno im Spätfernsehen oder Sexclip im Internet – Pornografie gehört in allen Formen für die Jugendlichen ganz selbstverständlich zu ihrer sexuellen Umwelt. Mädchen nutzen Pornografie deutlich seltener: Nur 8 Prozent der jungen Frauen gaben an, ‚mehr als sporadische Erfahrungen' mit Pornografie zu haben. Jungs suchen gezielt nach Pornografie, Mädchen begegnen ihr eher zufällig."[18]

Vorreiter in der Porno-Produktion waren die skandinavischen Länder. Für Hunderte Millionen wurden Artikel, Filme und Reizwäsche verkauft. Googelt man nur die Buchstaben XXX, ein Code für die Pornografie, so erhält man unter dem Filter „Deutsch" 7.110.000 Treffer. Mit dem Filter „Englisch" werden 1.640.000.000 Treffer erreicht. In Worten: eine Milliarde sechshundertvierzig Millionen, das ist etwa der vierte Teil der Weltbevölkerung.

Für meine Begriffe gehören Ahnungslosigkeit, Kurzsichtigkeit und der unbedingte Wille, der Sexualität den größtmöglichen Freiheitsspielraum zu lassen, zum Konzept.

Anstieg der Kinderpornografie
Beängstigend ist der Anstieg der Kinderpornografie. Man geht davon aus, dass etwa zwei Millionen Kinder weltweit bei *sexualisierter Gewalt* abgebildet werden.

Gabriele Kuby schreibt: „Für Jugendliche zwischen 13 und 19 Jahren gehört Internetpornografie zum alltäglichen Medienkonsum. Das ergab die Studie *Porno im Web 2.0* im Auftrag der Landesmedienanstalten von Niedersachsen und Bayern – Tendenz steigend."[19]

Folgen des häufigen Pornografiegebrauchs
Was drücken Menschen damit aus, dass sie sich Pornofilme, z. T. mit Gewaltdarstellungen und Missbrauch an Kindern, anschauen? Was sind die Folgen von starkem Pornografiegebrauch?

Schamlosigkeit
Sie schämen sich nicht, Gewaltdarstellungen zu genießen an Menschen, die oft gekauft, bezahlt, entwürdigt und für sexuelle Erregung missbraucht wurden. Mädchen und Frauen werden entwürdigt, gedemütigt und erniedrigt. Und Männer schämen sich nicht, zur Triebbefriedigung diese Vorlagen zu benutzen.

Perversion
Triebgesteuerte Verhaltensweisen pervertieren, ein süchtiges Verhalten entsteht. Das gilt für Alkohol und Drogen, für das Glücksspiel, für Sex und Pornografie. Sucht beinhaltet immer den Verlust von Freiheit.

Christa Mewes ist überzeugt: „Eine besondere Gefahr für männliche Jugendliche ist die im Internet spielend leicht erreichbare, breit präsentierte harte Pornografie. Unter Masturbation wird bald süchtig nach härterem Anreiz gesucht, so dass auch hier die Gefahr von Triebtäterschaft ins Blickfeld rückt: zum Quälen, zum Vergewaltigen, ja schließlich zum Drang, Kinder zu einer sie missbrauchenden Ersatzbefriedigung zu benutzen."[20]

Der Missbrauch wird angeregt
Der amerikanische Professor Dr. Victor Cline, der etwa 300 Sexsüchtige, Sexdelinquenten und Opfer von sexuellem Missbrauch behandelt hat, beschreibt fünf Stufen, die zum sexuellen Missbrauch führen:

1. *„Früher Kontakt zur Pornografie.* Die meisten Süchtigen werden schon in jungen Jahren mit Pornographie konfrontiert.
2. *Sucht.* Nach und nach wird Pornografie zum Bestandteil des Lebens. Die Menschen können nicht mehr aufhören.

3. *Eskalation.* Es werden immer härtere Darstellungen gesucht und benutzt.

4. *Desensibilisierung.* Das Unmoralische wird ohne Schuldgefühle benutzt und akzeptiert. Die krassen Darstellungen genügen nicht mehr.

5. *Ausagieren.* Es kommt bei einigen zu einem Sprung aus der Cyberwelt ins reale Leben: Sex mit Prostituierten, Gruppensex, zwanghafte Promiskuität, immer perversere sexuelle Praktiken, Zufügen von Schmerz, Vergewaltigung, sexueller Missbrauch von Kindern."[21]

Eine erschreckende Bilanz

Das süchtige Verhalten eskaliert. Jugendliche und Erwachsene machen sich diesen Tatbestand nicht klar. Aus der Stimulierung für Erotik und Sex, aus der Steigerung der sexuellen Fantasien werden Gewohnheiten, die sich verselbstständigen. Die sexuellen Reize müssen gesteigert werden, da sie allmählich ihre Stimulationskraft einbüßen. Die Dosis muss erhöht werden. Pornografiesucht gehört zu den *nicht* stoffgebundenen Süchten. Wie die Hirnforscher betonen, lösen sie aber im Gehirn ähnliche biochemische Reaktionen aus wie die stoffgebundenen (Alkohol, Drogen). Der Alkoholsüchtige wird schnell arbeitsunfähig, gesellschaftsunfähig und gefährdet, weil er die Kontrolle verloren hat, die Umgebung und die Mitmenschen. Er fällt auf. Das ist bei Pornografiesucht anders. Der Mensch ist süchtig, aber er kann sie verstecken. Keiner sieht diesen Menschen die Sucht an.

Ich habe im Laufe jahrzehntelanger Beratung und Therapie viele Pornografie- und Sexsüchtige kennengelernt. Darunter viele bewusste Christen. In der Regel äußerlich gepflegte und oft gebildete Menschen, die unter ihren Gewohnheiten litten. In der Gemeinde, im Arbeitsleben und in der Öffentlichkeit konnten diese Männer – in der Regel Erwachsene – diese belastenden Süchte verstecken. Oft verheiratet, litten sie darunter, dass die Liebe zur Partnerin durch pornografische Bilder aufgelöst wurde. Es kommt zur Abspaltung der sexuellen Funktion. Abgebildete Frauen und Mädchen werden zum Lustobjekt. Die eigene Partnerin wird entwürdigt und gedemütigt. Die meisten beteten dagegen an, aber die Verführung ist zu leicht, zu gefahrlos zu haben. Ein paar Klicks am Apparat, und der Mensch hat die halbe Erfüllung seiner Begierde vor Augen. Genau aber da liegt die Gefahr.

Die Triebbefriedigung will mehr, sie will nicht nur Passivität, sie will Aktivität. Liebe, Zärtlichkeit, Geborgenheit, Ruhe und gemeinsame Erfüllung von Mann und Frau gehen verloren. Hingabe, Treue und Verbindlichkeit werden zu Vokabeln, die in der weit zurückliegenden Vergangenheit mal eine Rolle gespielt haben. Die Verfechter der Gender-Mainstream-Ideen halten die Ehe für überholt. Selbstverwirklichung ist angesagt. Befriedigung der geheimsten Wünsche und Fantasien zählt. Ist es ein Wunder, dass feste verbindliche Ehepartnerschaften immer seltener werden? Dass immer mehr Paare zusammengehören wollen, aber getrennt wohnen und leben?

Gewalt und Missbrauch werden bei Männern systematisch gefördert und gesteigert, weil sie auch eine hormonell bedingte höhere Aggressionsneigung aufweisen. Die Hemmung, sich etwas gewalttätig zu holen, nimmt ständig ab. Das machen weltweite Untersuchungen an Sexsüchtigen, Delinquenten und Opfern deutlich. Hinzu kommt, dass Frauen immer mehr in den Konkurrenzkampf mit Männern gerufen werden. Sie wollen Stärke und Macht zeigen.

Sie wollen und sollen ebenbürtig reagieren. Die Folge:

- Sie verlieren ihre Weichheit, ihre Zärtlichkeit,
- sie verlieren den tiefen, emotionalen Kontakt zum Partner,
- sie verlieren ihre Stärke für Innigkeit und Geborgenheit,
- sie verlieren ihre Gabe, Liebe zu leben und zu realisieren,
- sie verlieren ihre Kraft, Mann und Kindern Heimat zu schenken,
- sie verlieren ihre Mütterlichkeit, den Wunsch, Kinder zu gebären,
- sie verlieren den Wunsch, einer Familie mit Mann und Kindern ein wirkliches Zuhause zu geben.

Das partnerschaftliche Zusammenspiel wird und ist gefährdet. Der Mann wird automatisch härter und gewalttätiger. Er koppelt mehr und mehr seinen Sex von Liebe und innigem Zusammenleben ab. Die egoistische sexuelle Befriedigung wird bei Jungen und Männern gefördert. Ehe und Familie verlieren in unserer Gesellschaft ihre Leitbildfunktion.

Wie erklären wir uns dieses unheilvolle Zusammenspiel?
Der menschliche Sexualtrieb ist im Menschen kein selbstständiger und unabhängiger Trieb. Er ist in die Gesamtpersönlichkeit integriert. Er ist mit der Persönlichkeitsstruktur nahtlos verbunden. Wer ein Konkurrenzverhalten, ein Herrschaftsverhalten und Machtansprüche, in welcher Form auch immer, an den Tag legt, wird diese auch im Sexualverhalten praktizieren. Der Lebensstil, das Profil dieser Persönlichkeit, die Art der Lebensgestaltung, alle Verhaltensmuster, das Denken, die Gefühle, die diesen Menschen *charakterisieren*, kennzeichnet auch sein Sexualverhalten.
   Auch der christliche Glaube ist im Leben eines Men-

schen kein belangloses Zubehör. Er kennzeichnet wieder den ganzen Menschen vom Scheitel bis zur Sohle, auch in seinem sexuellen Verhalten.

KAPITEL 5

Wahre und falsche Männlichkeit – Herrschaftsverhalten und Gewalt

Eine gewaltfreie Gesellschaft hat es nie gegeben und wird es auch in der Zukunft nicht geben. Der friedliche und gewaltfreie Mensch ist eine Utopie. Auch wichtig: Es gibt nicht *die* Gewalt, sondern nur Gewalt in vielen Ausprägungen. Es gibt

- die *physische* Gewalt,
- die *psychische* Gewalt,
- Gewalt durch Überredung,
- Gewalt durch Abhängigkeit,
- Gewalt durch Verführung,
- Gewalt durch Erpressung,
- Gewalt durch Drogen usw. usw.

Wie spielen Männlichkeit und sexuelle Gewalt zusammen?
Da der sexuelle Missbrauch in der Regel von Männern praktiziert wird und männliche Gewalt in Familien, in Ehe- und Partnerbeziehungen eine große Rolle spielt, lohnt sich ein gründlicher Blick in die Persönlichkeitsstruktur des Mannes.

John Eldredge, ein amerikanischer Autor, prägte den Satz: „Masculinity is bestowed." Wörtlich übersetzt: Männlichkeit ist geschenkt, ist verliehen.

Das sehe ich auch so. Das heißt doch: Männlichkeit ist ein Wesensmerkmal der Schöpfung Gottes. Darin eingeschlossen sind Macht und Stärke. Eine Schraubendrehung weiter, und wir sprechen von Gewalt. Ist es da verwunderlich, dass Männer – auch in der Bibel – reihenweise ihre Macht- und Überlegenheitsgefühle ausgespielt haben? Ob König Salomo, König David und, bereits auf den ersten Blättern der Bibel, Kain, immer geht es um Macht, um Herrschaft und Gewaltanwendung.

Männlichkeit und Sexualität gehören auch zusammen. Starke sexuelle Gefühle kommen bei allen normalen Männern laufend vor.

Das hat nicht in erster Linie mit böser Lust zu tun, sondern mit Hormonen.

Normale Männer denken häufiger an Sex, als ihnen lieb ist. Das gilt erfahrungsgemäß für alle Altersgruppen. Allgemein ist bei ihnen das Macht- und Gewaltpotenzial stärker ausgeprägt. Allein körperlich sind Jungen und Männer in der Regel stärker, kräftiger, muskulöser und damit den Mädchen und Frauen überlegen. Das bedeutet *selbstverständlich* keine geistige Überlegenheit.

Da der Mensch nur als *ganzes* Wesen zu verstehen ist, sind *immer* Überlegenheitsgefühle, Konkurrenzstreben, Führungsansprüche und Gewaltmuster in den unterschiedlichsten Formen mit den sexuellen Praktiken verknüpft. Wie hat einer sinngemäß formuliert: „Sag mir, wie du denkst, lebst und fühlst, und ich sage dir, wie du dich sexuell verhältst!" Selbst wenn die Formulierung zugespitzt ist, das Zusammenspiel des ganzen Menschen bei allem Tun und Lassen wird deutlich.

Eine klare Sprache und eine eindeutige Stellung kennzeichnen den amerikanischen Psychologen und Christen Archibald Hart, wenn er den Mann und seine Gewaltbereitschaft so beschreibt: „Wie schon näher ausgeführt, ist Sex immer real in der männlichen Gedankenwelt. Dafür sorgt das Tes-

tosteron. Demnach neigt der Mann dazu, in den intimsten
Augenblicken der Sexualität grob, ja roh zu werden. Das
gilt nicht nur für den einfachen Arbeiter, dessen Gespräche wahrscheinlich sowieso von grober Direktheit geprägt
sind. Selbst der Experte der Höflichkeit kann die Fassade
schnell fallen lassen und im Augenblick der Leidenschaft
direkt und roh seine Gedanken ausleben."[22]

Er spricht nicht von Gewalt, aber von *rohem* und *grobem*
Verhalten. Wenn ich im Synonym-Lexikon nachschlage,
finde ich unter ‚Gewalt' auch die Begriffe: Zwang, Macht,
Kraft und die Eigenschaftswörter: unermesslich, gewaltsam, enorm, heftig, sehr. Alles Steigerungsformen, die das
normale Zusammenspiel übertreffen.

In den Gedanken machen Männer häufig die Frauen zu
Objekten, während Frauen die Männer durch die romantische Brille sehen. Noch mal Hart: „Männer sehen Frau-
en leider oft als Ansammlung von Körperteilen, nicht den
Menschen. Die Frauenbewegung hat Recht, wenn sie sich
beklagt, wie Männer Frauen sehen. Aber wie sehr man sich
darüber auch aufregt, ändern wird sich daran nichts – nur
ein sehr dramatischer Wandel der Programmierung des
männlichen Hirns wird eine Änderung bewirken."[23]

Leider stimmen meine Erfahrungen aus der Seelsorge- und
Beratungspraxis voll damit überein.
    Eine starke christliche Bindung,
    ein starker und fester Glaube,
    ein Leben aus und mit Christus kann vieles besser ma-
chen, verhindert werden kann der sexuelle Missbrauch
nicht. Denn Missbrauch hat es immer gegeben, und das eta-
blierte heutige Leitbild über Sexualität spricht – meines Erachtens – voll dagegen. Fachleute verschiedenster Couleur

heißen Fragen und Probleme gut, die den Missbrauch fördern. Das wird auch in der weiteren Darstellung deutlich.

Die biologische Seite der Gewalt
Macht, Durchsetzungskraft, Wut und Gewalt haben auch
eine biologische Seite. Der menschliche Körper ist mit einem Verteidigungssystem ausgerüstet, dem Flucht- bzw.
Angriffsverhalten, das den gesamten Organismus zum
Kampf vorbereitet. Adrenalin wird ins Blut geschossen.
Der Blutdruck steigt bei entsprechender Beschleunigung
der Herzschläge. Die Pupillen erweitern sich, die Hände
schwitzen, der Mund wird trocken. Die Muskeln werden
mit Energie geladen. Gott hat dieses System geschaffen,
darum können wir ihm bei richtigem Funktionieren auch
keine Vorwürfe machen.

Die Ethologie, die Lehre vom Verhalten der *Tiere*, auch ver-
gleichende Verhaltensforschung genannt, ist durch den
Namen Konrad Lorenz bei uns bekannt geworden. Lorenz
und sein Schüler Eibl-Eibesfeld haben die Hypothese aufge-
stellt: Aggressives Verhalten, Macht- und Gewaltpraktiken
aller Tierarten – auch des Menschen – basieren auf einer
angeborenen Verhaltensdisposition.

Lorenz hat die Befunde aus dem Tierreich auf den Menschen übertragen. Das ist prinzipiell bei allen Anhängern
der Evolution ähnlich. Lorenz lehnte die Aggression als re-
aktives Verhalten ab. Das heißt: Für ihn spielen Erziehungspraktiken nur eine geringe Rolle. Wie bei den Tieren, so
führt auch beim Menschen die Aggression zur territorialen
Abgrenzung der Gruppen. Es kommt zur Ausbildung von
Rangordnungen. Ob Sie Fische, Gänse, Hühner, Wölfe, Lö-
wen oder Hunde nehmen, überall werden die Rangordnung
und die Gebietsbeanspruchung als Macht- und Gewaltan-
spruch betrieben. Der Mensch zeigt ein ähnliches Verhalten.

Ist das nicht bis heute so geblieben? Schauen Sie in die Zeitung, ins Fernsehen und in die Medien. Schauen Sie auf die Ukraine, auf die Krim, auf Nigeria, auf Israel und Palästina. In der gesamten Welt werden Absperrungen und Gebietsansprüche vorgenommen, die in der Regel mit Gewalt und mit Krieg gelöst werden. Von den Macht- und Gewaltansprüchen des letzten Weltkrieges ganz zu schweigen. Über 100 Millionen Tote sind die traurige Bilanz.

Ich will den Missbrauch nicht aus den Augen verlieren, denn das ist unser zentrales Thema: Millionen Frauen sind in Russland, in Deutschland und Europa von Soldaten *vergewaltigt* worden. In der Gegenwart werden Zigtausend Mädchen und Frauen von radikalen Terrormilizen vergewaltigt und missbraucht. Auch die Zahl von Vergewaltigungen, von Herrschsucht und Missbrauch in Ehe und Partnerschaft sind erschreckend hoch. Sonst gäbe es nicht in vielen Städten Frauenhäuser, die die Opfer aufnehmen. Wir können es drehen und wenden, wie wir wollen,

- es sind keine Einzelfälle,
- es sind nicht ein paar Männer, die pervers reagieren,
- es müssen Anlagen oder Dispositionen sein, die besonders bei Männern ihre Wirkung entfalten, wenn die Gelegenheiten günstig sind.

Wie ist das *Gewaltverhalten* bei Menschen, vor allem bei Männern, zu verstehen?

Sigmund Freud und Konrad Lorenz sprachen vom Aggressionstrieb des Menschen. Wenn ich in die Bibel schaue, scheint die Geschichte des Menschen abzulaufen wie eine lückenlose Kette von Grausamkeiten, Blutvergießen, Terror, Gewalt und Brutalität. Der Mensch wird zum aggressivsten Tier der Erde. Die Aggressivität als Disposition zur Aggression scheint auf der ganzen Erde verbreitet. Bei allen Völkern

und Völkerstämmen besteht kein Unterschied. Der Verlauf
der Weltgeschichte mit ihren perfektionierten Grausamkeiten scheint diese These zu bestätigen. Das 20. Jahrhundert
war das bislang gewalttätigste Jahrhundert mit weit über
100 Millionen Toten.

Wie kommt es, dass ausgerechnet der Brudermord von Kain
an Abel als erste Geschichte nach der Vertreibung aus dem
Paradies im Wort Gottes berichtet wird? Meine feste Überzeugung ist, dass Gott uns vor Augen halten möchte: So
ist der Mensch, insbesondere das männliche Geschlecht.
Schon der Philosoph Schopenhauer sprach vom Todestrieb
des Menschen. Und was sagen die Verhaltensforscher und
Neurobiologen, die den Menschen gern mit dem Tier vergleichen? Was schreibt Jochen Oehler, ein Neuro- und Verhaltensbiologe?

„Der Mensch ist das wohl sozialste aller Tiere ... Das Ergebnis ist ein breites und schillerndes Spektrum von Ver-
haltensformen. Oft stehen sie in aufopfernder und höchst
zuverlässiger Weise füreinander ein, zugleich aber konkur-
rieren sie auch unmittelbar miteinander und bringen ago-
nistische (todeskämpferische) auch gegen Mitmenschen ge-
richtete Feindseligkeit, Grausamkeit und Aggression hervor
... Doch der Anschein uneigennütziger Mitmenschlichkeit
trügt. Evolutionsbiologisch gesehen ist jeder Edelmut letztlich nur ein Mittel zu dem einzigen Zweck, das eigene Wohl
zu sichern. Denn keine Verhaltensweise würde sich durchsetzen, würde durch sie nicht die eigene Fitness gesichert."[24]

Wie sagte der Verhaltensbiologe sinngemäß: „Der Edelmut,
den der Mensch auch zeigen kann, der Anständigkeit, Ehrlichkeit, Treue, Fürsorge, Mitmenschlichkeit und Hilfsbe-
reitschaft beinhaltet, dient dem *einzigen Zweck*, das eigene
Wohl zu sichern."

Liebe und Mitmenschlichkeit sind also für viele versteckte und getarnte Egoismen und Selbstsucht. Darin steckt leider ein Quäntchen Wahrheit. Wir sind Sünder, und zwar von klein auf. Egoismus, Selbstsucht, Eitelkeit, Eifersucht, Missgunst, Habgier, Herrschsucht und Machtansprüche ziehen sich durch die edelsten Absichten des Menschen.

Immer der Vergleich mit Tieren. Wenn das so ist, dann schauen wir auf fast alle Tiere, besonders auf die männlichen, die sich gewaltsam bei der Fortpflanzung und beim Fressen durchsetzen. Affen, Hirsche in der Brunftzeit. Viele bleiben verendet liegen, weil sie Gewalt anwenden und sich durchsetzen wollen.

Aber ist es bei uns Menschen wirklich völlig anders? Von Edelmut kann keine Rede sein. Egoismus und Selbstsucht, sexuelle Befriedigung, Macht- und Gewaltanwendungen in allen Varianten spielen eine Rolle. Und da der Sexualtrieb mit unserer Persönlichkeitsstruktur verbunden ist, in der gute und böse Eigenschaften unser Leben bestimmen, ist sexueller Missbrauch nicht auszurotten. Aber er kann durch verantwortliche Erziehung und durch einen gelebten und praktizierten christlichen Glauben verringert werden. Das ist meine feste Überzeugung.

Machtmissbrauch und sexueller Missbrauch in der Bibel
Dr. Volker Kessler, Leiter der Akademie für christliche Führungskräfte in Gummersbach, hat mit seiner Gattin ein Buch herausgegeben, das den Titel trägt *Die Machtfalle*. Er setzt sich ausführlich mit dem Thema „Machtmissbrauch im Alten Testament" auseinander. Deutlich wird: Saul missbrauchte seine Macht David gegenüber. Ab dem Zeitpunkt, wo das Volk David mehr zujubelte als Saul, wurde Saul neidisch auf David. Mehrfach versuchte Saul, David zu töten,

obwohl sich David loyal gegenüber Saul verhielt (1. Samuel 18 und 19).

Auch David, der selbst Opfer eines Machtmenschen gewesen war, missbrauchte später als König ebenfalls seine Macht. Mit Ehebruch und sexuellem Missbrauch verging er sich an Bathseba, die er heimlich beim Baden beobachtet hatte. Um alles zu vertuschen, ermordete er Uria. „Es ist erschreckend", schreiben die Kesslers, „wie viele Opfer eines Missbrauchs selbst zu Tätern werden."[25]

Sexueller Missbrauch an Tamar
Absalom, der Sohn Davids, wird als Machtmensch mit Charme par excellence geschildert. Er hatte eine schöne Schwester namens Tamar. Die Bibel, in der Übersetzung „Hoffnung für alle", überschreibt das 13. Kapitel im 2. Samuelbuch mit „Tamar wird vergewaltigt". Der Halbbruder von Tamar, Ammon, verliebte sich unsterblich in sie. Er begehrte sie „krankhaft". Er sah keine Möglichkeit, an sie heranzukommen. Denn die unverheirateten Töchter des Königs wurden gut behütet.

Aber Ammon hatte einen Freund Jonadab, „ein sehr schlauer Mann", heißt es im 3. Vers. Der heckte einen bösen Missbrauchsplan aus. Jonadab riet seinem Freund (Vers 5): „Leg dich doch ins Bett, und stell dich krank! Wenn dein Vater dich besucht, dann frag ihn, ob nicht deine Schwester Tamar dir etwas zu essen bringen könnte. Sag ihm: ‚Wenn ich zuschauen kann, wie sie mir etwas Gutes kocht, dann bekomme ich bestimmt wieder Appetit und esse etwas. Sie selbst soll es mir reichen.'" Die Bibel berichtet ausführlich (ab Vers 6):

„So legte sich Ammon ins Bett und stellte sich krank. Als der König kam, um nach ihm zu schauen, bat Ammon: ‚Könnte nicht meine Schwester Tamar zu mir kommen?

Sie soll vor meinen Augen zwei Kuchen in der Pfanne backen und sie zu mir bringen.' Sofort schickte David einen Diener zu dem Haus, wo Tamar wohnte, und ließ ihr sagen: ‚Dein Bruder Ammon ist krank. Geh doch zu ihm, und mach ihm etwas zu essen!' Tamar kam zu Ammon. Während sie einen Teig knetete, die Kuchen formte und sie in der Pfanne backte, lag er da und schaute ihr zu. Als sie ihm die fertigen Kuchen bringen wollte, weigerte Ammon sich zu essen. Stattdessen befahl er: ‚Alle Diener sollten das Zimmer verlassen.' Danach sagte er zu Tamar: ‚Ich will nur von dir bedient werden! Bring mir das Essen ins Schlafzimmer.' Tamar nahm die Kuchen und brachte sie ihrem Bruder ans Bett. Als sie ihm das Essen reichen wollte, packte er sie und sagte: ‚Komm, meine Schwester, leg dich zu mir!' Sie rief: ‚Nein, Ammon, zwing mich nicht zu so etwas. Das ist in Israel doch verboten. Ein solches Verbrechen darfst du nicht begehen! Was soll dann aus mir werden? Denk doch, welche Schande das für mich wäre! Und du würdest in ganz Israel als gewissenloser Kerl dastehen. Warum redest du nicht mit dem König? Bestimmt erlaubt er dir, mich zu heiraten.' Doch Ammon wollte nicht auf sie hören. Er stürzte sich auf sie und vergewaltigte sie." (2. Samuel 13,1-14)

Unvorstellbar: Anschließend hasst er seine Schwester und jagt sie aus dem Hause.

Und Absalom, der Bruder der Tamar, sinnt auf Rache. Eines Tages gelingt es ihm, Ammon umzubringen.

Machtmissbrauch und sexueller Missbrauch spielen zusammen. Die Bibel ist rückhaltlos ehrlich und spielt uns keine falschen Heiligen vor. Die Versuchlichkeit der Männer, was sexuellen Missbrauch angeht, ist enorm. Zu allen Zeiten haben sie mit List und Tücke, mit Gemeinheiten, Betrug,

Erpressung und mit Mord ihre lüsternen Ziele durchgesetzt. Auch wenn wir heute die Zeitungen aufschlagen, begegnen uns überall ähnliche Fälle.

Der Sexualtrieb des Mannes und die Selbstbeherrschung
Der Sexualtrieb kann dem Mann schwer zu schaffen machen. Keine Frage: Viele Männer erleben ihre Sexualität wie einen Vulkan, der unangemeldet ausbricht. Abrupt explodiert er und bricht unberechenbar hervor. Der Trieb kann eine Weile schlummern, aber dann spürt der Mann die Glut, die sich meldet. Der christliche Psychologe Archibald Hart drückt das unmissverständlich so aus:

„Aber (der Trieb) sprüht ungehindert feurige Lava. Alles, was dann im Wege steht, wird weggefegt, ob Ehe, guter Ruf, Familie, Jungfräulichkeit, Treue, Keuschheit, gute Absichten, lebenslange Versprechen und geistliche Verpflichtungen. Einerseits können sexuelle Gefühle unschuldig, rein und heilig sein, andererseits kann Sexualität brutal, rasend, scheußlich und widerlich wirken."[26]

Archibald Hart ist der Meinung, dass die „bösartige Seite der männlichen Sexualität" verantwortlich war und ist für die schlimmsten Verbrechen gegen Kinder, Frauen und andere Männer. Hart noch einmal wörtlich: „Die Befriedigung des sexuellen Instinkts birgt das Potenzial zum Schlimmsten, wozu Menschen fähig sind. Der zivilisierteste Mann kann so auf die Ebene des brutalen Raubtiers im Dschungel abgleiten. Kein schönes Bild, aber leider die Realität."[27]

Da erhebt sich die Frage: Kann der Mann überhaupt seinen Trieb im Zaum halten? Kann er ihn beherrschen? Kann der „innere Schweinehund", wie ihn Hart schildert, der ausbrechende Vulkan, beherrscht werden?
    Vor langer Zeit gab es eine Revolution. Das Christentum

wurde geboren. Frauen wurden nicht mehr als Eigentum betrachtet, die verkauft, eingetauscht und beiseitegeschoben werden konnten. Männer durften nicht mehr dem Drang ihrer Lüste nachgehen. Frauen wurden dem Manne ebenbürtig. Die Triebhaftigkeit des Mannes musste gezügelt werden. Im Christentum ist die Frau nicht mehr ein Werkzeug der sexuellen Befriedigung.

Hart ist überzeugt: „Die Unterdrückung der Frauen und fehlende Beherrschung beim Ausleben männlicher Sexualität gehen immer Hand in Hand. Wenn die Frauen frei sein sollen, müssen die Männer ihre sexuellen Bedürfnisse beherrschen. Letzten Endes müssen alle Frauen zu Verlierern werden, wenn die Vorstellung sich durchsetzt, freier Sex sei ohne notwendige Bindung möglich."[28]

Wie oft denken Männer an Sex?
Dieser Frage ist Hart ebenfalls nachgegangen. Die Antwort wirft wieder mal einen Schatten auf die „Krone der Schöpfung". Er hat, wie er schreibt, „rechtschaffene Männer" untersucht. Seine Grafik, die er erstellt hat, macht Folgendes deutlich:

- Täglich denken 60 Prozent aller Männer an Sex,
- jede Stunde denken etwa 18 bis 19 Prozent aller Männer an Sex,
- es war kein Mann dabei, der „nie" an Sex dachte,
- Männer hängen oft an „schmutzigsten" Fantasien,
- Männer versuchen, durch schmutzige Fantasien zur Erregung zu kommen, während Frauen eher romantischen Fantasien Raum geben.[29]

Hart beurteilt die Fantasietätigkeit der Männer kritisch. Fantasien hätten mit der Realität wenig zu tun. Außerdem machten sie süchtig. Und hinter den Fantasien stecke der Drang, sie irgendwann und irgendwo auszuleben. Schlimm wird es, wenn die Fantasie um fremde Frauen kreist und nicht um die eigene Partnerin.

Die Schattenseite der männlichen Sexualität ist das Zusammenspiel von Testosteron, dem Männlichkeitshormon, und Adrenalin, einem Antriebshormon. Die sexuelle Erregung kann durch Adrenalin verstärkt werden. Hart ist der Meinung, dass „aus diesem Stoff Perversionen gemacht werden".

KAPITEL 6

Sexueller Missbrauch – Therapiebeispiel eines Täters

Eines Tages erscheint ein über sechzig Jahre alter Mann in der Seelsorge. Er ist mehr als 30 Jahre verheiratet und will über Eheprobleme sprechen. Seine Familie besteht aus vier Personen. Zwei Kinder, ein Junge und ein Mädchen, sind verheiratet und haben das Haus verlassen. Er kommt alleine und legt auch Wert darauf, in erster Linie Hilfe für sich zu erlangen.

Der Mann macht einen gepflegten Eindruck, äußerlich und auch im Sprechen. Anlässlich eines Vortrages von mir in seiner Stadt und in einer verwandten Gemeinde hat er mich kennengelernt und, wie er sagt, Vertrauen gefasst. Er ist Geschäftsführer eines Kleinunternehmens, gehört einer Freikirche an und nimmt mit seiner Frau regelmäßig an Gottesdiensten und wichtigen Gemeindeveranstaltungen teil.

Einige Kernsätze aus dem ersten Gespräch, die ich mitgeschrieben habe, lauten: „Wir sind in unserer Familie nicht unglücklich. Alles läuft geregelt und gut organisiert ab. Die Kinder haben das Haus verlassen, sie gehören auch zur Kirche, und unseres Wissens gibt es da keine Probleme. In unserer Ehe könnte vieles – für meine Begriffe – besser laufen. Wir streiten uns nicht, wir kämpfen auch nicht miteinander. Wir halten zusammen, wie wir das vor dem Traualtar versprochen haben, und machen in der Gemeinde einen zufriedenstellenden Eindruck."

Er richtet sich im Sessel auf, holt noch einmal tief Luft.

„Alles ist so, wie es sich äußerlich gehört. Sie verstehen, was ich meine."

Dann macht er eine kleine Pause und schaut mich an.

Ich lächle ein wenig verschmitzt und sage: „Ein perfektes Bild einer perfekten Ehe und Familie, wie wir Christen sie im Allgemeinen, und zwar in den meisten christlichen Gemeinden, vorfinden – wenn man weiter nichts weiß."

Er lächelt auch und nickt. „So ist es! Leider wird in unseren Gemeinden viel zu wenig über echte seelische Probleme und Schwierigkeiten gesprochen. Das Meiste wird zugedeckt. Vieles wird tabuisiert, vor allem, was das Sexuelle angeht. Es gehört sich nicht, darüber in Einzelheiten zu reden. Es ist Gottes gute Schöpfung – Amen."

Er atmet tief durch und ist offensichtlich froh, dass er es herausgebracht hat.

Ich greife den Faden auf und sage:

„Ich spüre, Sie sind gekommen, weil einiges bei Ihnen anders aussieht, und wollen es ansprechen."

Der Mann nickt.

„Leider ist es so. Meine Frau und ich leben zusammen, aber sind beide nicht richtig glücklich. Sie will Harmonie, Frieden und ein reibungsloses Zusammenleben mit mir, mit den Kindern und mit der Gemeinde, alles im christlichen Rahmen."

Er leidet und stöhnt laut hörbar.

„Ja, klar, das will ich auch!"

Wieder eine nachdenkliche Pause.

„Und?", frage ich.

„Aber das sexuelle Zusammensein spult sich in einem Festzeitrhythmus ab, wenn Sie verstehen, was ich meine. Ich übertreibe nicht, wenn alles gut geht, Ostern, Pfingsten und Weihnachten."

Er schaut resigniert in seinen Schoß.

„Das halte ich nicht aus, das ist mir zu wenig!"
Seine Augen schauen erwartungsvoll auf mich.
Ich frage direkt: „Und wie gehen Sie damit um?"
Seine Stimme wird leise.
„Selbstbefriedigung ist eine Lösung", sagt er zaghaft.
Man spürt seine Unsicherheit.
„Und welche anderen Lösungen noch?", hake ich nach.
Er vergräbt mit den Händen sein Gesicht.
„Pornos, immer wieder Pornos! Es ist beschämend, aber wahr! Sie weiß es nicht. Sie kann Gott sei Dank mit meinem Laptop nicht umgehen."
Ich komme ihm entgegen.
„Sie haben recht, ein Thema unzähliger Männer, auch in unseren Gemeinden. Das ist die Realität!"
Verwundert blickt er auf. Wie selbstverständlich ich das sage.
„Aber das darf doch nicht wahr sein! Diese Schweinerei ist doch teuflisch!"
„Der Meinung bin ich auch, aber der Teufel ist keine Schlafmütze! Er kennt funktionierende Tricks, den Menschen, und vor allem uns Männern, ein gefährliches Beinchen zu stellen."
Kopfschüttelnd sagt er: „Sie formulieren das so selbstverständlich! Ich dachte schon, ich gehöre in der Gemeinde zu den völlig verdorbenen Ausnahmen!"
Ich schüttele den Kopf.
„Nein, die Realität ist ungeheuerlich. Millionen deutscher Männer – Männer jeden Alters – schauen immer wieder Pornos. Wissenschaftliche Untersuchungen bestätigen sogar, dass über 40 Prozent der Arbeitnehmer während der Arbeitszeit Gelegenheiten suchen, Pornos zu schauen."
Wieder vergräbt er sein Gesicht und beugt den Kopf noch tiefer in seinen Schoß. Ich muss mir Mühe geben, ihn zu verstehen.

„Es kommt noch schlimmer. Die Pornos haben mich immer mehr angesteckt, haben neue sexuelle Fantasien geweckt. Furchtbar! Ich habe mir Wege ausgemalt, wie ich diese Fantasien praktisch befriedigen kann."

Er blickt nur kurz auf, um meine Reaktion wahrzunehmen.

„Aber Ihre Frau ist doch noch nicht so alt, dass alle sexuellen Regungen ausfallen. Oder ist sie krank?"

Er richtet sich auf.

„Ja, die Frage ist berechtigt. Aber bei ihr ist es so, dass nach dem Klimakterium ihre sexuellen Wünsche nahezu ausblieben. Auf alle meine Annäherungen reagierte sie abweisend. Nein, ernsthaft krank ist sie nicht. Abgesehen von kleinen Herz- und Darmproblemen hat sie Rheuma. Viele Arbeiten fallen ihr schwer. Sie ist unbeweglicher geworden. Darum beschäftigen wir seit ein paar Jahren eine Putzfrau."

Dann kommt Ärger in seine Stimme.

„Oft hat sie mir vorgeworfen, ich sei wohl sexsüchtig! Ich hätte ja nichts anderes im Sinn!"

„Und, was haben Sie geantwortet?"

Er nickt still vor sich hin.

„Ich habe geschwiegen, weil ich mich geschämt habe. Wenn ich ihr meine Pornosachen gestanden hätte, sie hätte mich bestimmt für krank erklärt. Ehrlich gesagt fühlte ich mich schuldig. Mit keinem Menschen, und schon gar nicht mit dem Pastor der Gemeinde, habe ich gesprochen. Sie sind der Erste, mit dem ich darüber rede."

Ich schaue in meine Aufzeichnungen und spüre, dass ich den Mann unterbrochen habe.

„Sie sagten eben, dass Sie sich Wege ausgedacht hätten, Ihre Fantasien handfest zu befriedigen. Mögen Sie darüber sprechen?"

Ein lautes Stöhnen durchfährt ihn.

„Meine Güte, das ist ein ganz dunkles Kapitel, ein schwarzes, sage ich Ihnen!"

Er wendet sich seitwärts von mir weg.

„Wir hatten seit Jahren eine Putzfrau. Als die kündigte, mussten wir eine neue suchen. In der Nachbarschaft arbeitete eine junge Polin, die von den Hausbesitzern als zuverlässig und sauber geschätzt wurde. Ich bat den Hausherrn, die Dame zu befragen, ob sie auch bei uns den Hausputz übernehmen könne."

Wieder kommt aus dem Sessel ein hörbares Stöhnen.

„Sie sagte Ja, und das Elend begann. Die unverheiratete Frau war etwa 30 Jahre alt, vollschlank. (Er unterbricht sich.) Ja, es muss raus, sie hatte einen vollen, schönen Busen und einen ansprechenden Po. Ich war fasziniert."

Der Mann wendet mir den Rücken zu und schaut auf eine Bücherwand.

Seine Stimme klingt beschwörend.

„Ich bin ein gläubiger Christ und habe überlegt, wie kannst du diese Frau am besten verführen, dass sie dir hörig ist. Entsetzlich, dieser Widerspruch!"

Er beugt verschämt sein Gesicht in seinen Schoß.

„Mir ist diese Unverschämtheit gelungen. Ich wundere mich über nichts mehr. Das Böse hat in uns Format! Ich bete und tue es trotzdem!"

„Und wie ist Ihnen das gelungen?", frage ich.

„Ich wusste, sie braucht Geld. Sie unterstützt ihre Eltern in Polen. Was habe ich gemacht? Das Portemonnaie meiner Frau mit über 1000 Euro habe ich auf einem Hocker im Schlafzimmer meiner Frau halb verdeckt liegen lassen. Meine Frau war zum Arzt gefahren. Durch das Schlüsselloch habe ich die Polin beobachtet, wie sie tatsächlich zwei braune Scheine aus der Geldbörse genommen hat und unter dem Kleid versteckte."

Er hält inne. Ihm verschlägt es die Sprache.

Ich lasse ihm Zeit. Dann hebt er etwas seinen Kopf.

„Sie werden es nicht glauben, ich hatte alles in Gedanken und in meiner Fantasie schon durchgespielt, wie ich die Frau stelle und die Erpressung ausnutze. Sie fiel prompt drauf rein!"

Er fasst sich an die Stirn, schüttelt den Kopf und will etwas Unglaubliches andeuten.

„Als sie aus dem Schlafzimmer kam, habe ich sie gestellt und ihr gesagt, dass ich etwas Wichtiges mit ihr besprechen müsse. Ich führte sie in eins unserer leer stehenden Kinderzimmer und sagte: ‚Sie haben uns bestohlen! Ich weiß es genau. Sie ziehen sich jetzt aus und geben mir das Geld zurück.'"

Der Mann spricht erregt und hat Schweißperlen auf der Stirn. Dann fängt er sich und will schnell die beschämende Sache zu Ende bringen, so kommt es mir vor. Sein Gesicht bleibt auf die Buchwand gerichtet.

„Die Dame war völlig überrascht. Die Wangen liefen augenblicklich rot an. Sie schwieg, ihre Gesichtszüge veränderten sich, als ich das gesagt hatte. Ich habe nicht gedroht, und sie begann, sich langsam auszuziehen. Dann stoppte sie und schaute mich flehentlich an: ‚Nicht mit Polizei machen, bitte!', sagte sie in gebrochenem Deutsch, und die ganze Person drückte Angst aus."

Der Mann rutscht im Sessel vor mir hin und her. Er kämpft mit sich, wie er mir alles Weitere plausibel machen soll.

Dann dreht er sich einen Augenblick zu mir um.

„Ja, die Wahrheit muss raus! Die verdammte Sünde muss ein Ende haben. So kann ich nicht weiterleben! Der Schlamassel soll aufhören."

Ich nicke ihm zu und schweige.

Er wischt sich noch einmal mit dem Handrücken den Schweiß von der Stirn.

„Ich habe zu ihr gesagt, was sie mir biete, wenn ich die Polizei aus dem Spiel lasse. Sie zuckte mit den Schultern und schaute mich fragend an. Tränen liefen über ihre Wangen, als sie in ihren Schlüpfer griff und mir 100 Euro in die Hand drückte."

Er riskiert wieder einen kurzen Blick zu mir.

„So ähnlich hatte ich mir in meiner Fantasie alles zurechtgelegt. Ich fasste ihre Brüste an. Und sie ließ alles mit sich geschehen."

Erleichtert atmet er auf und dreht Gesicht und Körper zu mir.

„Das ist meine schlimme Geschichte!"

Mit den Händen macht er eine Bewegung, die beinhaltet: Schluss jetzt. Keine weiteren Einzelheiten.

Ich mache mir noch einige Notizen und frage: „Hat die Dame weiterhin bei Ihnen gearbeitet?"

Er hat sich gefasst und antwortet sofort.

„Noch ein ganzes Jahr, bis vor vier Wochen. Dann löste sie das Arbeitsverhältnis. Darum bin ich jetzt bei Ihnen. Wahrscheinlich hat sie jetzt einen echten Liebhaber."

Ich will auch nichts unklar lassen:

„Dann fanden sicher sexuelle Beziehungen weiterhin zwischen Ihnen statt?"

„So ist es. Wir trafen uns auch einige Male im Auto irgendwo. Ich gab ihr Geld, und ich befriedigte meine Gelüste. Wenn ich als Christ darüber nachdenke, mit Liebe hatte alles nichts zu tun. Aber meine aufgeputschte Begierde, die durch die Pornografie die frechsten Blüten trieb, wurde befriedigt. Ein böses Trauerspiel!"

Ich lege meine Mitschriften beiseite und schaue auf die Uhr. „Wir sollten für heute das Gespräch beenden und demnächst ernsthaft über Hilfen und Anregungen nachdenken, wie Sie möglicherweise Ihre Ehebeziehungen verbessern und die pornografischen Verführungen beenden können. Gott lässt keinen Menschen im Stich!"

„Ich bin ganz einverstanden!"

Befreit und erleichtert erhebt er sich aus seinem Sessel.

„Schon jetzt sind mir Steine von der Seele gefallen. Man ist belastet wie noch nie, wenn man mit keinem Menschen darüber ehrlich reden kann. Ich glaube, es war das schwerste Gespräch meines Lebens."

Ich bitte ihn, noch einmal Platz zu nehmen.

Wir beten intensiv miteinander und suchen einen weiteren Gesprächstermin.

Beratung und Seelsorge machen deutlich:

1. Die Pornografie verändert Denken und Gefühle.
Der Mann bejaht unverhohlen, dass das jahrelange Schauen pornografischer Bilder seine Wahrnehmung als Mann verändert habe. In den ersten Ehejahren hätten Liebe, Fürsorge, Zärtlichkeit und gegenseitige Geborgenheitsgefühle der Eheleute im Mittelpunkt gestanden. Durch zunehmende Abwehr der Frau habe er mehr und mehr Pornos frequentiert. Auch der enge Kontakt zu den Kindern habe abgenommen. Echte Liebesgefühle seien weniger geworden, weil fremde Frauen auf Bildern sich ihm als Sexobjekte dargeboten hätten. Zuerst habe er sich bei der Selbstbefriedigung seine eigene Frau vorgestellt. Seine Liebe zu ihr hätte nicht gelitten. Da aber die nackte sexuelle Befriedigung in den Vordergrund gerückt sei, wäre die echte Liebe zu seiner Frau eingeschlafen. Freimütig konnte er formulieren: „Wir hatten eines Tages eine Beziehung, wie man sie guten Nachbarn und Freunden entgegenbringt. Wir haben uns geachtet und respektiert. Wir gaben uns Küsschen auf die Wange, nahmen uns oberflächlich in den Arm, aber jedes sexuelle Begehren war gestorben. Meine Frau konnte

schwierigkeitslos damit leben. Sie brauchte offensichtlich die sexuelle Befriedigung nicht mehr."

2. Die Frau muss ihre sexuelle Verantwortung wahrnehmen.
Die Frau war erstaunt, als ich sie einmal – mit Einverständnis des Mannes – zu mir einlud und ihr erklärte, dass ihr Partner unglücklich war und unter mangelnden sexuellen Beziehungen litt. Sie war sprachlos, dass ihre Vorwürfe, er sei „sexsüchtig", solche Rückwirkungen gehabt hatten. In der Tat hatte der Partner ihr schuldbewusst eine heile Welt vorgespielt und sich in die Pornografiewelt geflüchtet. Weil sie ihren Mann von Herzen liebte, wie sie sagte, war sie bereit, ihn sexuell zu befriedigen, ohne selbst „mit leidenschaftlichen Gefühlen beteiligt zu sein".

„Ich werde mir viel Mühe geben, denn ich liebe ihn wirklich. Das ist keine Floskel. Aber meine sexuelle Begierde ist auf dem Nullpunkt."

Im Gespräch mit der Frau hatte ich den guten Paulus zitiert, der eindeutig Mann und Frau in die Verantwortung stellt, für körperlich-sexuelle Beziehungen bereit zu sein.

„Der Mann soll seine Frau nicht vernachlässigen, und die Frau soll sich ihrem Mann nicht entziehen, denn weder die Frau noch der Mann dürfen eigenmächtig über ihren Körper verfügen; sie gehören einander. Keiner soll sich dem Ehepartner verweigern." (1. Korinther 7,3–6)

Die Frau bekennt: „Es ist ein Geschenk Gottes, dass ich mich auf das Gespräch eingelassen habe. Ich war arglos, ich hatte keine Schuldgefühle. Für mich war die Welt in Ordnung. Aber das andere ist auch wahr: Mein Mann ist ein glänzender Schauspieler!"

Wir vereinbarten auch einen Besuch beim Gynäkologen, um den mangelnden sexuellen Antrieb überprüfen zu lassen.

3. Ehrlichkeit ist wichtig

Das heißeste Eisen war die Offenlegung des Missbrauchs an der Polin. Die Frau des Mannes hatte hier und da eifersüchtig reagiert, weil sie spürte, dass zwischen der Polin und ihrem Mann eine „knisternde Atmosphäre" bestand. Da sie aber ihrem Mann auch als Christin vertraute, hatte sie ihre Eifersüchteleien „im Gebet an Gott abgegeben". Der Mann schob sein Geständnis an die Partnerin weit hinaus. Er fürchtete trotz allem ein tiefes Zerwürfnis. Außerdem schämte er sich über alle Maßen. Wochenlang vor der Beichte zeigte er ihr in kleinen Liebesbezeugungen, in Blumensträußen und kleinen Aufmerksamkeiten, dass er sie liebte.

Und dann wagte er nach einem gesegneten Sonntagsgottesdienst, den beide als wohltuend erlebt hatten, sein „schlimmes Geheimnis" preiszugeben. Die Beichte wirkte auf sie wie „ein K.o.-Schlag". In der Verfassung rief sie mich an. Ich versuchte, ihr beizustehen. Sie zeigte sich tagelang tief verletzt, konnte nachts nicht schlafen und weinte zwischendurch immer wieder. Beide beteten viel, jeder für sich allein. Ihre gemeinsamen Andachten wurden ausgesetzt. Aber auch die Frau erkannte ihre Fehler, ihre sexuellen Versäumnisse, die ihr in den Seelsorgegesprächen eingeleuchtet hatten. Etwa eine Woche später hatte sie wieder „geistlich Boden unter den Füßen", wie sie mir gestand. Sie überwand sich, legte ihre Rachegefühle in Fesseln und drückte ihren Mann fest an sich. Beide lagen sich weinend in den Armen. Aber der Entschluss hatte eine erwähnenswerte Vorgeschichte.

In einem Dreiergespräch sagte sie: „Ich konnte das tun, weil wir beide aneinander schuldig geworden waren. Er hat mich unendlich gedemütigt." Und eine „bittere Lektion" hätten ihr beide Kinder verpasst.

In den Tagen der schweren inneren Verletzung war sie zu beiden Kindern gefahren und hatte ihnen wütend und rachsüchtig „die schweinische Tat des Vaters" erzählt. Aber die Kinder – besonders der Sohn – standen plötzlich auf der Seite des Vaters. Beide sind jung verheiratet und machten der ahnungslosen Mutti deutlich, dass sexuelle Beziehungen „ein notwendiger Kitt in der Ehe sind". Sie sei wie betäubt nach Hause gefahren und hätte einen endlos langen Tag an sich, an der Welt und an Gott gezweifelt.

Aber sie hätte ein Leben lang von den Eltern und in der Gemeinde gelernt, sich *nicht* zu rechtfertigen, sich *nicht* selbstsüchtig herauszureden. Sie nähme die „bittere Lektion" beider Kinder aus Gottes Hand.

4. Beiden Partnern gelingt es, befriedigende Ehebeziehungen zu realisieren

Ein langer Weg, der innerhalb von Therapie und Seelsorge viele kleine Schritte erforderlich machte und macht.

a. Zunächst der *uneingeschränkte Wille*, dass beide an der Ehe festhalten wollen. Keine Selbstverständlichkeit heute. Wenn einer – aus welchen Gründen auch immer – blockiert und torpediert, ist menschlich gesprochen die Arbeit umsonst. Der Zweifelnde findet pausenlos Gründe, warum das Bemühen nicht klappen kann. Er demoralisiert sich und den Partner. Der andere gibt auf und ist entmutigt. Wenn die Therapie beginnt, gebe ich oft den Partnern einen kleinen Fragebogen. Er enthält die Frage: „Wie viel Prozent Hoffnung haben Sie noch für Ihre Beziehung?" Wer mehr als 60 % Hoffnungslosigkeit signalisiert, untergräbt in der Regel eine fruchtbare Therapie. Seine Befürchtungen sind stärker als die Hoffnung auf eine Besserung.

b. Das anhaltende Gebet von beiden: „Mach *mir,* Herr, auch

in der Seelsorge klar, was *ich* falsch mache." Immer wenn
wir in erster Linie die Schuld beim anderen suchen, fördern wir Abwehr und Widerstand. Das Klima verschlech-
tert sich. Alle getroffenen Absprachen werden unterlaufen.

Auch Allgemeinplätze im Gebet sind wenig hilfreich:
„Herr, rette unsere Ehe!" Oder: „Herr, du weißt am besten,
was bei uns falschläuft. Du wirst es ändern!" Wer jetzt die
Hände in den Schoß legt und wartet, dass der Herr alles
ändert, irrt. Nein, „mach *mir* klar, was ich *konkret* tun soll".

c. Die Praxis der kleinen Schritte

Es helfen auch keine Versprechungen Gott und dem Partner gegenüber, *jetzt alles sofort* in Arbeit zu nehmen. Die
Umkehr beginnt in kleinen Schritten. Abmachung für
Abmachung wird gemeinsam in Arbeit genommen. Sehr
wichtig ist, dass jeder Korrekturschritt von *beiden* Partnern
voll bejaht wird. Alle Fragezeichen, die ein Partner anmel-
det, müssen geklärt und besprochen werden.

Die beiden Betroffenen vereinbarten als einen Schritt,
wieder mehr „schmusen" zu wollen. Weil nicht geklärt war,
was Mann und Frau unter „schmusen" verstehen, ging die
Abmachung prompt schief. Er wollte sofort „handgreif-
lich" werden, und sie wollte in seinen Armen ruhen, ent-
spannen, sich wohlfühlen und Geborgenheit erleben. Fast
ein Gespräch beschäftigte uns zu dritt, die gemeinsamen
Sehnsüchte zur Sprache zu bringen und praxistauglich zu
gestalten.

d. Wie schützt er sich vor Pornografiekonsum?

Er war bereit, seine Partnerin in die Laptop-Technik ein-
zuführen. Bisher hatte sie den „neumodischen Kram" abgelehnt. Plötzlich wurde sie neugierig. Er verriet ihr den
Pornografie-Code. Eines Tages rief er mich zwischendurch
an und sagte, dass er glücklich sei, eine bittere Last sei von

seinen Schultern gefallen. Das Gerät sei jetzt in ihrem Besitz. Immer wenn er es benutzen wolle, käme er zu ihr, und sie gäbe es ihm mit einem leidenschaftlichen Kuss. Sie vertraute ihm, lehnte auch alle Kontrollen ab. Er wäre so überwältigt von ihrem Vertrauensbeweis, dass es ihm unmöglich sei, sie weiterhin zu hintergehen. Die schmutzige Pornowelt hätte an Einfluss eingebüßt.

e. Romantik und die Rolle des Vorspiels

Männern fällt es schwer, sich Romantik ohne Sex vorzustellen. Auch der behandelte Ratsuchende hatte damit Probleme. Für Männer gehört beides unzertrennlich zusammen. Frauen beurteilen Romantik anders. Sie beinhaltet in ihren Augen ein schönes und beglückendes Gefühl, es ist eine Wellnessoase, muss aber nicht mit Sex enden. Für die meisten Männer steht im Fokus und am Ende der Orgasmus. Um dieses romantische Ziel zu verwirklichen, sprechen sie vom *Vorspiel*. Das Präludium ist eine besondere Aufmerksamkeit und ein kleines Geschenk an die Frau. Der Begriff „Vorspiel" ist ein typisch männlicher Ausdruck. Männer wissen und glauben, dass Frauen verführt und gewonnen werden müssen für die „Hauptsache".

Ist die innere Behaglichkeit gewährleistet, dürfte die Hauptsache von selbst laufen. Männerlogik! Für viele Frauen ist der Begriff „Vorspiel" eine Frechheit, eine Gemeinheit. Sie fühlen sich benutzt. Wichtig, dass beide ihre Empfindungen, geheimen Wünsche und konkreten Fantasien preisgeben.

Ich sagte schon, das Gespräch zu dritt über „schmusen" und Romantik war für den Mann mehr als erhellend. „Ich lernte eine ganz neue Wohlfühlquelle kennen und konnte sie genießen. Und sie dämpfte spontan meine einseitigen Sexvorstellungen. Wir lernten, miteinander zu ‚spielen' und waren beglückt."

f. Der Frau halfen Besuche beim Gynäkologen und Orthopäden.

Da rheumatische Schmerzen das sexuelle Zusammensein erschwerten und die Frau sie auch als Ausrede benutzte, gab der Mann alle sexuellen Annäherungen auf. Heute haben sich beide darauf eingestellt (die Schmerzen sind nicht behoben), neue Ideen auszuprobieren, um genüsslich miteinander zu schmusen und sich wohlzufühlen. „Das Nebeneinanderherleben ist vorbei. Wir praktizieren eine neue Art der Zärtlichkeit, die ist wunderbar! Wir erfahren eine neue Art der Ehe. Das konnten wir uns beide nicht vorstellen!"

Das Klimakterium hatte die Frau wie „einen Lebensumbruch" verarbeitet. Sie fühlte sich alt, verbraucht und hatte den Mann unbewusst ermutigt, sich andere sexuelle Befriedigungsmöglichkeiten zu suchen. Die Hormonveränderungen im Körper wurden vom Arzt ausgeglichen. Die Frau war sogar bereit, sexuelle Aufputschmittel zu benutzen. „Ehrlich, ich erkenne meine Frau nicht wieder!", sagte er in ihrem Beisein.

Beide Partner fühlten sich im Glauben an Gott bestärkt und versuchten, Teile ihrer Erfahrungen in der Gemeinde auszusprechen. Leider, auch das muss gesagt werden, verlaufen nicht alle Therapien und seelsorgerlichen Gespräche hilfreich. Enttäuschungen und Verletzungen verhindern die Rückkehr zu normalen sexuellen Beziehungen.

KAPITEL 7

Sexueller Missbrauch an Kindern und Jugendlichen in der Odenwaldschule

Erst im Jahre 2010 erschütterten Missbrauchsfälle an der reformpädagogischen Odenwaldschule die Gesellschaft. Die Vorfälle spielten sich verstärkt in den 1970er-Jahren und den 1980er-Jahren ab. In der Zeit war Gerold Becker Leiter der Schule, der später als einer der Haupttäter gebrandmarkt wurde.

Warum blieb der Missbrauch im Dunkeln?
Unbegreiflich, dass schon 1999 die *Frankfurter Rundschau* den Missbrauchsskandal öffentlich machte. Eine deutliche Resonanz in der Gesellschaft blieb aber aus. Wie kann man sich das erklären? Warum reagierten Staat und Öffentlichkeit kaum auf diesen Skandal? Warum war die Zeit nicht reif, ein Verbrechen an Kindern und Jugendlichen spruchreif zu machen? Keine der großen Medien verfolgte die Geschichte weiter. Deutlich wird: Wenn Verbrechen in Kirche und Öffentlichkeit tabuisiert werden,

- können Täter ungehindert Missbrauch treiben;
- werden Betroffene schweigen, weil sie den Eindruck gewinnen, sie werden nicht gehört;
- müssen Betroffene den Eindruck gewinnen, es handelt sich um Bagatelldelikte;
- müssen Betroffene den Eindruck gewinnen, dass sie im Mittelpunkt stehen, nicht aber die schlimmen Täter.

Anlässlich des 100-jährigen Bestehens der Odenwaldschule im Jahre 2010 kamen wieder Fälle von Missbrauch ans Licht. Ein Altschüler hatte schon 1998 den ehemaligen Direktor der Schule aufgefordert, zu seinen *pädosexuellen* und *pädokriminellen* Übergriffen Stellung zu nehmen.

Zwei der ehemaligen Schüler schrieben über ihren Missbrauch an den späteren Leiter der Schule und an alle Lehrer und Lehrerinnen. Wieder wurde die Decke des Schweigens über die Vorfälle gezogen. Weder schulintern noch öffentlich geschah etwas.

Die Aufdeckung des Missbrauchs
In ihrer Arbeit über die Vorgänge schrieb Yelena Sibayeva über die Vorfälle:

„Becker hat sich nie dazu öffentlich erklärt, dennoch trat er von seinen Ämtern zurück (...). Die Aufarbeitung im Sinne der Betroffenen hat nicht stattgefunden. Die Opfer fühlten sich verraten und wandten sich zum ersten Mal an die Öffentlichkeit. Die Schulleitung hatte die ersten Opfer, die sich gemeldet hatten, über Jahre hinweg hingehalten. 2008 geschah der zweite Versuch, die Schulleitung zu erreichen, um die Missbrauchsfälle offenzulegen. 2009 wurden drei Frankfurter Gespräche zwischen den Vertretern der Schule und betroffenen Altschülern unter der Moderation von Herrn Dr. Hubert Kern organisiert."[30]

Doch eine Aufarbeitung fand hier nicht statt:
- Die Schulleiterin und der Schulvorstand konnten sich nicht auf ein gemeinsames Vorgehen einigen,
- eine Aufarbeitung fand nicht statt,
- Gerold Becker wurde von Fachleuten und Kollegen lange gedeckt,

- man glaubte gerne an eine Verleumdung des renom-
  mierten Pädagogen.

Erst Ende 2010 wurden Ermittler bestellt, die den Missbrauch
untersuchen sollten. Dabei kam ans Licht, dass sich Lehr-
kräfte jahrzehntelang an ihren Schutzbefohlenen sexuell
vergangen hatten. 132 Fälle wurden dokumentiert. Haupt-
sächlich handelt es sich um männliche Jugendliche im Alter
zwischen 7 und 14 Jahren. Auch sieben Mädchen zwischen
11 und 13 Jahren hatten sich als Betroffene gemeldet.

Yelena Sibayeva spricht von sieben Tätern und einer Tä-
terin, wobei Gerold Becker als Hauptschuldiger benannt
wurde.

Wer war Gerold Becker?
Yelena Sibayeva beschreibt seinen Werdegang. Ich greife
einige Gedanken auf. Er wurde 1936 geboren, studierte
zunächst Architektur, später evangelische Theologie. Während des Studiums stieß er zu einer evangelischen Jugend-
gruppe und geriet schon damals in Verdacht, einen 12-jäh-
rigen Jungen missbraucht zu haben. Er soll versprochen
haben, es nicht wieder zu tun. Er testete die homoerotische
Praxis. Dann besuchte er den Begründer der reformpädagogischen Bewegung, Gustav Wyneken, in Göttingen. Nach
dem Theologiestudium absolvierte er sein Vikariat in Öster-
reich. In Linz soll er sich wieder an einem Jungen sexuell
vergangen haben und legte darum 1963 seine begonnene
Laufbahn als Pfarrer nieder.

1969 wurde er in die Odenwaldschule aufgenommen.
Schon drei Jahre später war er der Schulleiter. Noch einmal Yelena Sibayeva wörtlich: „Im Zuge der Liberalisierung
entkräfteten sich vor lauter Überschwang in diesen Jahren
manche gesellschaftlichen Tabus. Dazu gehörte wohl auch
die Schranke zwischen einer erwachsenen und kindlichen

Sexualität. Ein solcher Zeitgeist erklärt den Hintergrund, wie Gerold Becker als ein angesehener Pädagoge zum Massentäter werden konnte."[31]

Die Hintergründe von sexuellem Missbrauch und sexueller Gewalt

Der Psychotherapeut und Sozialpädagoge Manfred Kappler, der sich intensiv mit den Vorfällen in der Odenwaldschule beschäftigt hat, geht davon aus, dass der Begriff sexueller Missbrauch den *Gewaltcharakter* verdeckt, der immer bei sexuellen Handlungen zwischen Erwachsenen und Kindern vorliegt.

a. „Sexuelle Gewalt" ist sprachlich der richtigere Begriff.

Dafür plädiert der genannte Therapeut. Seine Begründungen lauten so:

- Das Kind könne sich gegen die Anwendung von psychischer und physischer Gewalt nicht wehren,
- sexueller Missbrauch sei eine Verharmlosung des Verbrechens,
- sexuelle Gewalt sei eine Erscheinungsform der Sexualität in Verbindung mit Macht,
- die Beichtpraxis von Jungen und Mädchen vor einem Priester sei hochgradig gefährlich, denn ehemalige Heimkinder hätten oft den Zusammenhang zwischen Beichte und sexueller Gewalt geschildert. Die Entblößung vor dem Priester habe sie wehrlos und gefügig gemacht,
- es ginge um „sexuelle Selbstbestimmung" und um Abbau von Angst, Schuldgefühlen und Fremdbestimmung.

Kappler geht sehr weit, wenn er generell „die patriarchale Gesellschaft" schuldig spricht, „mit der die männliche

Verfügung über den weiblichen Körper, nicht zuletzt zur Aufrechterhaltung der Kontrolle über die physische Reproduktion der Gesellschaft (Fortpflanzung), die Diskriminierung aller nicht heterosexuellen Orientierungen und Lebensformen, besonders der schwulen und lesbischen, und die gesellschaftliche Arbeitsteilung zwischen Männern und Frauen abgesichert werden solle."[32]

Er spricht davon, dass immer noch „hierarchische Geschlechterverhältnisse existierten, in denen Sexualität an männlichen Bedürfnissen orientiert sei und in männlichen Kategorien gedacht werde".

Ebenso unverantwortlich wie „sexueller Missbrauch" ist der Begriff „pädophil". In der Regel handelt es sich nicht um Liebesbeziehungen, sondern um pädosexuelle und pädokriminelle Handlungen.

b. Die Sexualität zwischen Lehrern und Schutzbefohlenen wurde offen praktiziert.

Die Lehrer hatten eine Doppelaufgabe. Sie unterrichteten und pflegten eine Familienbetreuung. Leben und Lernen gehörten zusammen. Alkohol, Nikotin und Drogen waren erhältlich. Es war sogar den Schülern erlaubt, Bier zu trinken. Ein Teehaus war zum Bierhaus umfunktioniert worden. Die Lehrer konsumierten Alkohol zusammen mit den Schutzbefohlenen.

Gerold Becker ging davon aus, die Schüler mit den Suchtmitteln vertraut zu machen. Wörtlich Yelena Sibayeva: „Die Hilferufe der sexuell misshandelten Schüler waren deshalb nicht erfolgreich, weil die Lehrer befürchteten, wegen ihrer eigenen kompromittierenden Verhältnisse den Arbeitsplatz zu verlieren. So hat das System des Kompromittierens und der Abhängigkeit funktioniert."[33]

c. Die Odenwaldschule war eine geschlossene Gesellschaft. Ein geschlossenes System beinhaltet eine große Nähe zwischen Lehrenden und Schülern. Der Familiencharakter wird gefördert. Es soll ja Geborgenheit, Zuwendung, Fürsorge und soziale Gemeinschaft praktiziert werden. Es leuchtet ein, dass Übergriffe in jeder Form kaum zu vermeiden sind. Was innerhalb des Systems geschieht, wird allgemein als gut und richtig beurteilt. Alle stecken unter einer Decke und halten das geschlossene System aufrecht. Von den Schutzbefohlenen wird große Loyalität gegenüber den Lehrern erwartet. Dieses System verrät große Nähe und Vertrautheit. Aber die „distanzlose Nähe", die praktiziert wird, ermöglicht den pädosexuell – nicht pädophil – empfindenden Lehrern leichte Übergriffe.

KAPITEL 8

Sexueller Missbrauch in kirchlichen Einrichtungen

Über die Odenwaldschule wurde berichtet. Der Fall lenkte die Aufmerksamkeit der Öffentlichkeit auf das Thema und führte dazu, dass auch andere Einrichtungen sich mit ihrer Geschichte beschäftigen mussten. Auch in christlichen Einrichtungen kam es nun zu Vorwürfen. In Berlin kam 2010 das katholische Canisius- Kolleg ins Gerede. Der ehemalige Leiter, Pater Klaus Mertes, schrieb an die Schülerinnen und Schüler des Kollegs einen Entschuldigungsbrief, weil sich Schutzbefohlene wegen sexuellen Missbrauchs gemeldet hatten. Die Täter waren Jesuiten.

Die Veröffentlichung von Pater Mertes war mutig. Denn bisher wurde im Kolleg, aber auch weitgehend in der katholischen Kirche, weggehört, weggeschaut und vertuscht. Es waren einige ehemalige Schüler, die sich nicht beirren ließen und den Skandal anprangerten. Der Brief von Pater Mertes wirbelte in der Gesellschaft und in der Kirche viel Staub auf. Plötzlich meldeten sich über 100 Betroffene beim Leiter. Es waren eben nicht nur ein paar Einzelfälle!

Zwei namhafte Experten, Sabine Andresen und Wilhelm Heitmeyer, schreiben:

„Dies ist definitiv einer der Gründe, warum sich die Welle des Bekanntwerdens von Missbrauchsfällen an katholischen Einrichtungen – anders als in früheren Jahren – im Jahre 2010 zu einem ‚Tsunami' auswuchs."[34]

Auch das Jesuiten-Internat St. Blasien, das viele Miss-

brauchsfälle zu melden hat, will allen Opfern bis zu 5000
Euro als „Anerkennung des Leids" bezahlen. Noch einmal
die beiden Professoren: „Katholische Priester, die Kinder
missbraucht haben, konnten bis 2010 sicher sein, dass sie
bedingungslos von ihrer Kirche vor jeglicher Strafverfol-
gung beschützt werden. Der katholischen Kirche stehen
aufgrund ihrer gesellschaftlichen Stellung hierbei grenzenlose Möglichkeiten und Privilegien zur Verfügung [...]
Als Höchststrafe für Missbrauch von Kindern droht den
Priestern (lediglich) die Entlassung aus dem Priesterstand.
Durch Versetzung an einen neuen Ort, in ein anderes Land,
auf einen anderen Kontinent erhielten die Missbrauchstä-
ter sozusagen jedes Mal ‚neue Identitäten'. Am neuen Wir-
kungsort wurde niemand über die ‚alte Identität' (d.h. die
bisherigen Taten) informiert."[35]
Auch alle existierenden Beweisdokumente würden für
alle Zeiten versteckt, behaupten die beiden Kritiker. Nachweislich haben einige Theologen jeweils „einige Hundert
von Jugendlichen" missbraucht, und zwar in Berlin und einigen anderen Ländern, wohin sie ausgewichen waren. Die
Schilderungen der Betroffenen sind skandalös. Wenn die
Taten ans Licht kamen, wurden häufig die Täter versetzt,
mit anderen Aufgaben betraut. Aber der Missbrauch setzte
sich nachweislich fort, sodass auf das Konto *eines* Täters
einige hundert Missbrauchte kamen.
Die Folgen, auch des sexuellen Missbrauchs, werden von
ehemaligen Schülern des Canisius-Institutes so zusammen-
gefasst:

- massive Probleme in Partnerschaft sowie familiären
  und sozialen Beziehungen
- Probleme, zu vertrauen und Nähe zuzulassen
- sexuelle Störungen
- Depressionen
- massive Selbstwertprobleme

- Angstzustände, dauerhafte Phobien
- Spannungszustände
- Störungen der Impulskontrolle
- Aggressivität, Suizidalität
- Suchtprobleme (Alkohol und Drogen)[36]

Weil das Thema in der gesamten Bundesrepublik zur Sprache kam, meldeten sich auch aus anderen Heimen und Häusern Betroffene, die sexuell von Verantwortlichen missbraucht wurden.

Die Bundesrepublik richtete einen „runden Tisch" ein, der sich mit der Aufarbeitung sexuellen Missbrauchs beschäftigen sollte. Es gab schon einen solchen runden Tisch, der 2009 eingerichtet wurde, um die Vergehen der „Heimerziehung" in den 50er- und 60er-Jahren zu untersuchen. Doch das Thema reizte nur wenige, die Zeit war noch nicht reif, und die Massenberichterstattung unterblieb.

Heimerziehung in den 1950er- und 1960er-Jahren

Was in den Jahren um 2008 bis 2010 an Missbrauch an die Öffentlichkeit drang, hat selbstverständlich eine Vorgeschichte. Wie sahen die pädagogischen Vorgaben in den kritischen Jahren aus? Nach welchen Leitbildern wurde in den genannten Jahrzehnten gearbeitet?

In der Bundesrepublik Deutschland der 1950er- und 1960er-Jahre lebten über 800.000 Kinder in etwa 3.000 Kinderheimen und Fürsorgeanstalten, über die Hälfte der Kinder in kirchlichen Einrichtungen. Fachleute beschreiben, wie dort erzogen wurde: „Die Fürsorgeheime waren nach dem preußischen Fürsorgegesetz von 1900 bis in die 70er Jahre hinein ‚Totale Institutionen' (Erving Goffman), in denen die dort untergebrachten Kinder und Jugendlichen von einer – vielleicht kritischen – Öffentlichkeit mehr

oder weniger weggesperrt waren und sich einer paramilitä-
risch anmutenden organisierten Hierarchie unterzuordnen
hatten. Wer sich nicht bedingungslos unterwarf, wurde bestraft."[37]
Die ehemaligen „Zöglinge" erlebten

- körperliche Züchtigung,
- Arreststrafen und Essensentzug,
- demütigende und kollektive Strafen,
- Kontaktsperren und Briefzensur,
- Arbeit und Arbeitszwang,
- sexuelle Gewalt und religiösen Zwang.

Sie erlebten auch den Einsatz von Medikamenten und Me-
dikamentenversuchen. Noch einmal Beschreibungen aus
dem genannten Buch: „In den Säuglingsheimen von Caritas und Diakonie wiederum wurden in den 1950er, 1960er
und bis in die 1970er Jahre hinein tausende Babys durch
Anbinden und Schläge misshandelt. ‚Unruhige Kinder' wurden darüber hinaus mit sedierenden Medikamenten ruhig-
gestellt. [...] Jeder ‚Ungehorsam' und jede Abweichung von
dem, was verlangt wurde, wurden sanktioniert, und zwar
mit körperlicher und seelischer Gewalt. Zu letzterer zählten
Demütigungen und Erniedrigungen bis hin zu einer in die
intimsten Bereiche reichenden Fremdbestimmung.

Für die Opfer bedeuteten dies schwere Traumatisierun-
gen, die bis ins Erwachsenenalter begleitet wurden von
Angst- und Panikattacken, Depressionen, schweren Auf-
merksamkeits- und Konzentrationsstörungen, Schlaflosig-
keit und begleitenden Gefühlen von Ohnmacht, Beschä-
mung, Scham und Suizidneigung."[38]

Erzieher und Verantwortliche sahen sich im Recht. Denn
Disziplin, Ordnung, Sauberkeit und Gehorsam standen im
Mittelpunkt. Diese Einstellung war nicht nur in den kirch-

lichen Einrichtungen vorherrschend. Auch der Staat, der diese Einrichtungen förderte und kontrollierte, unterstützte und verteidigte diese Maßnahmen.

Mit Beginn der Schüler- und Studentenrevolution der 1960er-Jahre gerieten besonders die autoritären und patriarchalen Konzepte der Vergangenheit ins Gerede. Der Generationenkonflikt zwischen Jung und Alt beschwor eine „sexuelle Befreiung. Die „antiautoritäre Erziehung" und die „sexuelle Befreiung" förderten die Emanzipationsbewegung, förderten die Freiheit vieler „Pädophiler". Und so wurde die „sexuelle Befreiung" zur Legitimation des sexuellen Missbrauchs.

Der Satz „Hier ist alles erlaubt", der dem Leiter der Odenwaldschule zugeschrieben wird, führte zwangsläufig zu jenen Verbrechen, die Kindern und Jugendlichen in der Odenwaldschule und in anderen Einrichtungen zugefügt wurden. Die pädophile Ideologie und der wiederbelebte „pädagogische Eros" beförderten eine *pädosexuelle* Praxis. Denn Kinder und Jugendliche wurden eben nicht als Freunde behandelt, sondern dienten den Tätern zur sexuellen Befriedigung.

Die Verschleierung der Verbrechen
Bis etwa 2010 wurde der sexuelle Missbrauch in den Medien nur am Rande erwähnt. Das änderte sich um 2010 erheblich. Eine starke öffentliche Diskussion kam im Zuge der Vorgänge an der Odenwaldschule ins Rollen. Viele Verführte und Betroffene, die bisher geschwiegen hatten, meldeten sich zu Wort. Über 20.000 Betroffene meldeten ihren Missbrauch an. Die Verschleierung, die Vertuschung und das Schweigen sind bis heute ein Problem, das den Missbrauch verharmlost. Auch Rechtfertigungsversuche

gehören in die Richtung. So sagt man, dass die Erziehungs-
praxis in den Heimen, Internaten und Schulen dem pädagogischen Zeitgeist entsprechend sehr *autoritär* gewesen
sei. Das stimmt auch. Der Zeitgeist hatte eine autoritäre
Färbung. Es entschuldigt die Verbrechen an Kindern nicht.

Auch die sprachlichen Formulierungen verschleiern die
Verbrechen. Einige sprechen von einer „Liebesbeziehung",
die „freiwillig" von Kindern und Jugendlichen gewollt gewesen sei. Da es sich um Schutzbefohlene handelt, die in
einem Abhängigkeitsverhältnis stehen, sind solche Erklärungen falsch und unangebracht.

- Man spricht in den Kirchen oft von „Personen, die
  Grenzen überschritten haben", statt von Tätern;
- man spricht über „Einfluss von Macht" statt von „Gewalt";
- man spricht bei Betroffenen von „Personen" statt von
  „Opfern";
- man spricht von „Übergriffen" statt von „sexueller
  Gewalt".

Sexualisierte Gewalt
Immer wenn Handlungen, die nicht im Strafrecht präzise
definiert werden, unklar bleiben, spricht man heute von
„sexualisierter Gewalt". Es handelt sich um Praktiken, die
von Helfern und Verantwortlichen in der „Heimerziehung"
angewendet und von Kindern und Jugendlichen mehr
oder weniger hingenommen wurden oder hingenommen
werden mussten.

Zum Beispiel waren Erzieher dabei, wenn Jungen und
Mädchen getrennt duschten. Unter dem Vorwand der Hy-
giene wurden sie am Glied, an den Hoden, an der Scheide
und am After berührt, um ihnen bestimmte Sauberkeitsre-
geln zu verdeutlichen. Zum Fiebermessen wurden sie ein-

zeln in die Arbeitsräume der Erzieher gerufen, mussten sich nackt ausziehen und ließen die verschiedensten Berührungen über sich ergehen. Deutlich wird: Welche Kinder und Jugendlichen haben klare Vorstellungen davon, was erlaubt und nicht erlaubt ist?

Nur wenn diese Dinge klar und unverschleiert in Familien und in Heimen angesprochen werden, haben Kinder und Jugendliche die Möglichkeit, sich zu wehren.

In der Beratung erzählte mir eine Mutter, die vor Jahrzehnten in einem christlichen Heim untergebracht war, dass ein Erzieher sie in sein Arbeitszimmer bestellt habe. Er müsse sie untersuchen, weil ihm gemeldet worden sei, sie hätte sich beim Spielen auf dem Gelände heimlich mit einem älteren Jungen eingelassen. Er müsse prüfen, ob der sein Glied in ihre Scheide eingeführt habe. Sie wäre schon weit entwickelt gewesen. Er hätte ihre Brüste angefasst und gefragt: „Hat er die angefasst?" Mit Fingern sei er in ihre Scheide eingedrungen und habe feststellen wollen, ob sie noch Jungfrau sei. Nie wäre ihr damals als Jugendliche auch nur andeutungsweise der Verdacht gekommen, dass es sich um eine verbotene Praxis oder um einen „sexuellen Übergriff" handeln könne.

Ein anderes Mädchen in ihrem Alter sei von einem Erzieher in einer Gruppenstunde als schmutzig bezeichnet worden. Er hätte es am Abend in die Dusche bestellt, hätte alles abgeschlossen und hätte das Mädchen am ganzen Körper gewaschen und anschließend dem Mädchen erklärt: „Jetzt weißt du, wie du dich regelmäßig richtig waschen musst, damit du nicht riechst!"

Die Mädchen hätten sich untereinander darüber ausgetauscht, hätten gekichert, aber den Vorfall der Heimleitung zu melden wäre ihnen nicht in den Sinn gekommen. Warum? Sie waren im Unklaren gelassen worden, was in der

Familie, in der Heimerziehung, in der Schule und in Vereinen, wo Kinder, Jugendliche und Mitarbeiter zusammenleben, erlaubt ist und was nicht. Diese Unwissenheit ist in unzähligen Fällen von Erziehern ausgenutzt worden.

Der Gedanke „Nähe zum Kind", der in der Reformpädagogik, wie sie an der Odenwaldschule praktiziert wurde, hochgelobt wird, ist gut gemeint, birgt aber für Kinderschänder und für sexuellen Missbrauch nützliche Möglichkeiten, sich an Schutzbefohlenen zu vergehen. Nur wenn Kinder und Jugendliche von Eltern und Erziehern mit allen Erziehungspraktiken und den damit verbundenen Gefährdungen vertraut gemacht wurden, sind Abwege und Missbräuche weitgehend zu vermeiden. Völlig auszuschließen sind sie nie.

Schwere Vorwürfe von ehemaligen Heimkindern an die Bergische Diakonie
Nicht nur in katholischen Einrichtungen, sondern auch in evangelischen Heimen und Unterbringungsstätten hat es sexuellen Missbrauch gegeben. Auch die Bergische Diakonie in Wuppertal wurde durch Vorwürfe gezwungen, Stellung zu beziehen.

So trägt das Informationsschreiben vom 17. 6. 2011 der Leitung der BDA (Bergische Diakonie Aprath) an ihre Mitglieder den oben genannten Titel. Jahrelang gehörte ich dem Vorstand der Bergischen Diakonie an. Wenn ich mich recht erinnere, habe ich in den vielen Jahren niemals etwas über sexuellen Missbrauch gehört. Oder Anschuldigungen und Vorwürfe wurden unterdrückt. Das kann ich nur als Frage formulieren.

Das Informationsrundschreiben beginnt mit einem bitteren Vorwurf ehemaliger Heimkinder:

„An die Bergische Diakonie Aprath – ihr gebt vor, ‚Christen' zu sein.

Wir, die Zöglinge eurer Fürsorgehölle, dem ehemaligen Jungenheim ‚Gut an der Linde' in Bensberg-Moitzfeld (einem Ableger der Einrichtung), klagen euch an.

Ihr habt uns als Kinder in den Nachkriegsjahren, in Zusammenarbeit mit den Behörden, wie menschlichen Abfall in eure Fürsorgehölle ‚Gut an der Linde' entsorgt und uns mit dem Argument, wir kämen mit unserer Umwelt nicht zurecht, zum Wirtschaftsobjekt gemacht, und damit habt ihr sicher weit mehr verdient als 1 DM pro Monat und Kind.

Ihr habt systematisch unsere Menschenrechte verletzt, psychische und physische Körperverletzung sowie sexuellen Missbrauch an uns begangen!

Ihr habt uns als Heimzöglinge auf die unterste Stufe der sozialen Leiter geworfen und uns die gesellschaftliche Anerkennung und Wertschätzung versagt!

Ihr habt uns im Heim gefangen gehalten, obwohl wir euch nichts getan haben!

Ihr habt zerstörerisch in unser Leben eingegriffen und uns seelisch, psychisch und physisch geschadet und krank gemacht!

Ihr habt uns unsere Jugend gestohlen!"

Das ist der Beginn eines Katalogs von Anklagen und Forderungen, den vier ehemalige Heimkinder am 24. April 2010 bei einem ersten Gespräch der BDA überreichten. Der Anfang: Etwa Mitte März 2010 hat ein ehemaliges Heimkind des „Gut an der Linde" Kontakt zu Frau Leon, Bereichsleiterin des Kinder- und Jugendhilfeverbundes, aufgenommen. Dabei wurden schwere Vorwürfe von Kindesmissbrauch und Misshandlungen erhoben. In späteren Telefonaten wurden weitere Einzelheiten dazu benannt, hinzu kam der Vorwurf von erzwungener Kinderarbeit.

Am 24. April 2010 fand eine Zusammenkunft von vier ehemaligen Heimkindern mit Herrn Boekstegers (Aufsichtsrat), Pfarrer Iwand, Frau Leon und Frau Kall (Referentin Unternehmenskommunikation) statt. Die vier ehemaligen Heimkinder hatten einen Redakteur des Kölner-Stadt-Anzeigers und eine Reporterin der Bild-Zeitung dazu eingeladen. Sie schilderten offen Situationen von sexuellem Missbrauch, schweren körperlichen und seelischen Misshandlungen sowie Kinderarbeit bei einem Bauern. Die inneren und z.T. äußeren Verletzungen haben schwere Traumata erzeugt, an denen sie noch heute leiden. Ihre Schilderungen und Erfahrungsberichte waren erschütternd.

Sie überreichten der BDA eine Zusammenstellung von Klagen und Vorwürfen sowie Fragen (an die damals Verantwortlichen) samt einem Katalog von Forderungen, die auch eine finanzielle Wiedergutmachung beinhalteten: *„Seid der erste deutsche Heimträger, der zu seinen Unrechtshandlungen bei der Heimerziehung in der Nachkriegszeit steht und es nicht nur bei entschuldigenden Lippenbekenntnissen belässt, sondern die Aufklärung aktiv vorantreibt und ehrliche Wiedergutmachung leistet."*

Der geforderte Betrag von 25 € pro Tag für alle Heimkinder in der Zeit von 1945 bis 1980, unabhängig davon, ob und welches Unrecht sie haben erleiden müssen, wird von den „Ehemaligen" selbst als diskussionsfähig angesehen.

Wir sind mit dem erklärten Ziel in das Gespräch gegangen, die Zeit zwischen 1965 und 1979 zunächst für Bensberg, später eventuell auch für die gesamte Erziehungshilfe, vom Ende des Zweiten Weltkriegs bis zur Einführung des Kinder- und Jugendhilfe-Gesetzes 1990, von einem unabhängigen Wissenschaftler untersuchen zu lassen.

Auf Vorschlag der „Ehemaligen" haben wir Kontakt mit einem ihnen bekannten Erziehungswissenschaftler aufgenommen, der auch in der Fachöffentlichkeit einen Namen hat. Mit ihm führten wir ein ausführliches Gespräch am 08. Juni 2010. Ein Delegierter der „Bensberger" nahm daran teil. Der Professor erläuterte seinen methodischen Ansatz, der sich vor allem auf narrative Interviews stützt. Diese erfordern eine umfangreiche Nachbereitung. Hierbei und auch bei der Aufarbeitung von Archivmaterial, das erst noch erfasst und gesichtet werden muss, werden die „Ehemaligen" beteiligt.

Die Beauftragung mit der Aufarbeitung hätte die BDA gemäß Angebot gut 200.000 € gekostet. Die wirtschaftliche Gesamtsituation erlaubte eine solche Ausgabe nicht. Das sah auch der Aufsichtsrat so. Andere Einrichtungen mussten für vergleichbare Aufgaben deutlich weniger aufwenden. Allerdings bestehen Unterschiede im methodischen Vorgehen, nicht aber in der Wissenschaftlichkeit und Neutralität.

Zwischenzeitlich haben zwei Delegierte der „Ehemaligen" in Begleitung von Pfarrer Iwand sowohl das Archiv der Bergischen Diakonie als auch das des Landesjugendamtes besucht. Hier wie dort konnten sie Blatt für Blatt die Unterlagen einsehen und Fotokopien erhalten. Ein auch schon vorher bekannter Fall des sexuellen Übergriffs eines Praktikanten, der auch strafrechtlich verfolgt wurde, ist aktenkundig. Weitere Hinweise auf Missbrauch sind nicht vorhanden. Auch konnten keine umfangreichen Dokumente gefunden werden, die Misshandlungen oder Kinderarbeit beinhalten. In einem Fall beschwert sich der Kinderrat über grobe körperliche Züchtigungen eines Erziehers, die Nasenbluten und geschwollene Backen zur Folge hatten. Kinderarbeit wird 1973 erwähnt: Sauberhalten des Hauses, Spülen usw., aber auch Putzen der Toiletten.

Beschwerden von Kindern (!), Angehörigen und aus der Nachbarschaft finden sich seit 1972 in den Unterlagen. Auch ein Bericht der Kriminalpolizei über zunehmende Eigentumsdelikte und unhaltbare Zustände in einem Teil des Heims liegt vor. Selbst das Landesjugendamt moniert eine teilweise Verwahrlosung der Kinder. Es scheint, als haben manche Mitarbeitenden den Kindern ein Leben ohne Regeln und Ordnung ermöglichen wollen.

Die vorhandenen Unterlagen enthalten weiter Personal- und Belegungslisten; sie dokumentieren Baumaßnahmen, kaum mehr vertretbare bauliche Zustände des alten Fachwerkhauses, Überlegungen zum pädagogischen Konzept, schwierige Personalsituationen und Auseinandersetzungen mit Mitarbeitenden, die 1979 zur Schließung der Einrichtung und zum Verkauf der Gebäude an die Stadt Bergisch-Gladbach führten.

Einer der „Ehemaligen" hat aus Eigeninitiative und mit viel Rechercheaufwand eine umfangreiche Dokumentensammlung angelegt, deren genauer Inhalt uns bis jetzt nicht bekannt ist. Er hat zugesagt, diese für die Aufarbeitung zur Verfügung zu stellen.

Leider ist die Aufarbeitung im Herbst 2010 ins Stocken geraten. Die „Ehemaligen" lehnten die Zusammenarbeit mit anderen Wissenschaftlern als dem von ihnen vorgeschlagenen ab. Das führte auch zur Absage von jemandem, mit dem wir schon im Gespräch standen.

Zwei weitere Treffen zwischen elf ehemaligen Heimkindern vom „Gut an der Linde" und dem Kinderheim am Platzer Höhenweg in Moitzfeld und Vertretern der Bergischen Diakonie Aprath fanden am 17. Januar und 26. März 2011 in Wülfrath statt. Trotz der engagierten Moderation durch Marc Ratajczak, MdL, im März konnte kein Ergebnis herbeigeführt werden.

Fragen zu Entschädigungszahlungen an die ehemaligen Heimkinder, Akteneinsicht und Adressenweitergabe dominierten die Diskussion.

Der runde Tisch Heimerziehung unter Antje Volmer (von der Bundesregierung) hat zur Finanzierung von Hilfen für ehemalige Heimkinder und eine Reihe weiterer Maßnahmen empfohlen, einen Fonds einzurichten. Insgesamt sollen Kirchen, Diakonie und Caritas, Bund und Länder 120 Millionen dort einzahlen. Direkt oder indirekt wird auch die Bergische Diakonie dazu einen Beitrag leisten. Die Heimkinder können dann einen Antrag auf den Ausgleich von Schäden an Leib und Seele stellen, die aus ihrer Zeit im Heim stammen. Einzelentschädigungen von 25 Euro pro Tag für jedes Heimkind, die ein Teil der Ehemaligen fordert, lehnt die Bergische Diakonie ab.

Die Heimkinder fordern den Nachweis über den Verbleib ihrer Heimakten. In den 80er-Jahren sind in der Bergischen Diakonie zahlreiche Personenakten aus Platzmangel vernichtet worden; nur die Deckblätter mit Angaben zur Heimaufnahme und Entlassung wurden aufbewahrt, aber nicht lückenlos.

Die Forderung der ehemaligen Heimkinder, die Bergische Diakonie möge aktiv die heutigen Adressen aller Kinder und Jugendlichen suchen, die zwischen 1945 und 1979 in einem der beiden Heime waren, lehnt die Bergische Diakonie aus fachlichen Gründen ab. Sie wird keine Menschen anschreiben und mit ihrer Vergangenheit konfrontieren, ohne zu wissen, ob dies gewünscht ist.

Adressenweitergabe von ehemaligen Heimkindern an andere erfolgt allerdings, wenn die Bergische Diakonie dazu von den jeweiligen Personen legitimiert wird. Betroffene können sich bei der Bergischen Diakonie melden, sie gibt den Kontakt weiter.

Die Atmosphäre war auf Seiten der ehemaligen Heimkinder geprägt von Enttäuschung und Wut. Nach sechs Stunden sind beide Seiten ohne Ergebnis auseinandergegangen. Ein neues Treffen ist derzeit nicht geplant.

Anfang Juni 2011 hat die wissenschaftliche Aufarbeitung begonnen. In dem Kooperationsprojekt mit der Evangelischen Fachhochschule Bochum übernimmt die Erziehungswissenschaftlerin Professorin Carola Kuhlmann im Rahmen ihres Forschungsschwerpunkts *Heimerziehung im 20. Jahrhundert* die Federführung. „Ich sehe darin die Chance einer neutralen Darstellung der Zustände in beiden Heimen", betont Pfarrer Peter Iwand. Zudem erhalten Wissenschaftler im Gegensatz zu Mitarbeitern der Bergischen Diakonie, zum Beispiel in Stadtarchiven, Einsicht in gesperrte Akten.

Auf der Homepage der Bergischen Diakonie unter *www.bergische-diakonie.de* berichten wir über den weiteren Verlauf. Auch die „Ehemaligen" haben unter *www.amd.co.at/anti/moitzfeld* eine Homepage eingerichtet, auf der sie Dokumente und Kommentare veröffentlichen.

„Ein großer Schock" – ein Pastor berichtet über den Missbrauch seines Vaters an Kindern
In der 2015 erschienenen Biografie des ehemaligen Allianzvorsitzenden Peter Strauch wird der Missbrauch seines Vaters an Kindern auf einer Freizeit und an den Mädchen seines Sohnes Peter geschildert.

In der Biografie fragt Peter Strauch sich, ob solche Geschehnisse in die Öffentlichkeit gehören? Ja. Die Dinge sind beschämend, aber sie spiegeln die Realität in unseren Familien und Gemeinden wider. Unsere Welt ist unheil, und wir Menschen in unseren Gemeinden sind es auch. Die Bibel ist Gottes Wort und schildert uns reihenweise Menschen, die schwere Sünden auf sich geladen haben.

Der sexuelle Missbrauch wird an einigen Stellen ausführlich geschildert.

Ich finde es beschämend, dass wir in Büchern und Zeitschriften viel zu wenig auf diesen Tatbestand hingewiesen haben. Was in den Fünfziger- bis Achtzigerjahren in einigen Tausend Einrichtungen und Heimen geschehen ist, wurde vielfach bis heute in Decken des Schweigens gehüllt.

Wenn ich auf die letzten 50 Jahre meiner Beratungs- und Seelsorgearbeit zurückblicke, dann könnte ich dicke Bücher *nur über sexuellen Missbrauch* schreiben.

Ich finde es äußerst mutig, hilfreich für unsere Gemeinden, bedenkenswert für Seelsorge und Beratung und für die Ehrlichkeit in der Verkündigung, dass Pastor Strauch sich überwunden hat, offen und klar Stellung zu beziehen. Ich bin heute überzeugt, dass in unseren christlichen Familien, Kirchen und Gemeinschaften mehr sexueller Missbrauch stattfindet, als wir glauben. Die zahlreichen Methoden, unerlaubten Tricks und Praktiken werden so geschickt und raffiniert angewendet,

- dass Kinder und Jugendliche *nicht wissen*, was gespielt wird,
- dass Kinder und Jugendliche *mit Schuldgefühlen* reagieren,
- dass Kinder und Jugendliche *nicht wagen*, ihren Eltern Vorwürfe zu machen,
- dass Kinder Jugendliche ihren Eltern *Verfügungsgewalt zubilligen*,
- dass Kindern und Jugendlichen die Grenze zwischen *richtig und falsch* nicht klargemacht wird,
- dass Kinder und Jugendliche durch *Geschenke bestochen* werden,
- dass Kindern und Jugendlichen *durch Drohungen* der Mund verboten wird,
- dass Kinder und Jugendliche nicht wagen, den *eigenen Bruder oder die ältere Schwester* bloßzustellen – um nur einige wenige Praktiken der Täter zu benennen.

Pastor Strauch gesteht: „Mich belastete die Sache so sehr, dass ich meinen ehemaligen Vorgesetzten, den damaligen Präses Heinz Knöppel, um ein Gespräch bat. Ich erzähle ihm, was vorgefallen war und teilte ihm auch mit, dass mich der Gedanke beschäftige, meinen Dienst ganz aufzugeben … Und es gibt noch einen weiteren Grund, der mich heute darin bestärkt, die Taten meines Vaters nicht zu verschweigen. In den letzten Jahren habe ich lernen müssen: Alle dunklen Familiengeheimnisse, die nicht ans Licht kommen, behalten ihre Macht. Und das gilt keinesfalls nur für den Verursacher, es gilt auch für die Betroffenen."[39]

Nicht nur fremde Mädchen wurden vom Vater auf Freizeiten missbraucht. Er verging sich auch an seinen eigenen Kindern und an den Töchtern von Peter, seinem Sohn. Strauch zitiert einige Sätze aus dem Buch von John Bradshor: „‚Familien sind so krank wie ihre Geheimnisse, Geheimnisse, derer sie sich schämen. Solche Geheimnisse können Generationen zurückliegen und alles Mögliche betreffen.' Dunkle Geheimnisse gehören ins Licht – nicht nur ins verborgene Licht Gottes, auch ins Licht einer gewissen Öffentlichkeit. Hätte Johannes sonst geschrieben: ‚Wenn wir im Licht leben, wie er im Licht ist, dann haben wir Gemeinschaft untereinander.'" (1. Johannes 1,8)[40]

Strauch hat Recht, wenn er schreibt, dass Opfer eines Missbrauchs nicht von heute auf morgen von dieser Vergangenheit frei werden. Die Tat kann sich tief und schmerzhaft über Jahre auswirken. Er weiß, dass schnell und gut gemeinte fromme Worte eher verletzen, als dass sie helfen.

KAPITEL 9

Wie kann Sexualerziehung heute gelingen? Prävention und Verhaltensauffälligkeiten bei missbrauchten Kindern

Zwischen kindlicher und erwachsener Sexualität muss unterschieden werden. Eltern tragen eine große Verantwortung, Kindern zu vermitteln, wie Liebe und Sexualität zu verstehen sind.

Kindliche und erwachsene Sexualität
Mit allen Sinnen reagiert ein Kind auf die Umgebung. Es muss die eigenen Gefühle und die Gefühle der Erwachsenen verstehen.

Die Sexualität berührt immer den *ganzen* Menschen. Körper und Seele sind verschachtelt. Über den Körper erlebt das Kind die Welt. Das Nuckeln am Daumen oder das Lutschen am Schnuller sind Lustgefühle, sind auch sexuelle Lustgefühle. Aber wir verstehen sie im Sinne ganzheitlicher *Geschlechtlichkeit.* Meine Geschlechtlichkeit kennzeichnet mich in jeder Zelle. Meine Geschlechtlichkeit meint nicht nur meine Sexualorgane, sondern mein männliches oder weibliches Sein vom Scheitel bis zur Sohle. Kommen wir auf das kleine Kind zurück. Seine Lustgefühle werden in den ersten Jahren noch *nicht* als genitale Lust gedeutet. Die sprachliche Ungenauigkeit hat uns in der gesamten Erziehung bis heute einen Streich gespielt.

Ein Vortragsbeispiel

Ein Beispiel aus meiner Praxis als Sexualpädagoge mag das verdeutlichen. 1966 wurde ich von Hamburg, wo ich als Generalsekretär des CVJM tätig war, nach Wuppertal als Sexualpädagoge des Westdeutschen Jungmännerbundes berufen.

Die 68er-Revolution kündigte sich an.

Ich wurde vom Direktor eines Gymnasiums eingeladen, über Sexualität vor 14- bis 15-jährigen Schülern zu sprechen. Er kündigte mich in der Klasse an: „Herr Ruthe wird mit euch jetzt über Liebe reden." Alle Kinder grinsten. Sie dachten sinngemäß:

Jetzt wird über Sex geredet,

jetzt kommt mal ein unanständiges Thema zur Sprache,

jetzt reden wir mal über die menschlichen Ferkeleien,

jetzt sind wir gespannt, ob der Kerl das heiße Eisen wirklich ehrlich anspricht!

Wenn über „Liebe" geredet wird, denken die meisten Menschen, es wird über körperlich-sexuelle Beziehungen geredet.

Es folgten noch ein, zwei nette Sätze vom Direktor, und er verschwand aus der Klasse. Auch diese Geste kennzeichnet den Abstand zwischen Jung und Alt. Ich stand allein vor etwa 30 Schülerinnen und Schülern. Als ich auf die Tafel schaute, der Direktor hat mit Sicherheit den Satz nicht gelesen oder hat ihn übersehen wollen, stand da mit großen Buchstaben: „Ficken ist gesund!"

Ich sagte zu den Schülern: „Wunderbar! Wir sind gleich mitten im Thema!"

„Bitte, erklären Sie mir – ab 14 Jahren sieze ich jeden Menschen, auch in meiner Praxis – was bedeutet dieser Satz?" Kein Kind meldet sich. Alle grienen und verstecken schamvoll ihr Gesicht in den Händen. Ich spreche einige Schüler direkt an. Keiner kann und will antworten. Warum ist das so? Sie haben nicht gelernt, in einer anständigen formulierten Hochsprache über Liebe und Geschlechtsverkehr zu reden. Ich sagte dann: „Gut, dann erkläre ich es Ihnen! Wenn die alten Germanen eine Stadt erobern wollten, die von einer dicken Festungsmauer umgeben war, benutzten sie damals Mauerbrecher. Das waren hohe Gestelle, in denen ein langer, schwerer und angespitzter Baum hing. Diesen Baum nannte man Fickbaum. Und eine Stadt wurde gefickt. Dieser Ausdruck hat sich erhalten. Darum sagen vor allem Jungen gern bis heute:

- Das Mädchen oder die Frau wird gefickt,
- die wird fertiggemacht,
- die wird umgelegt."

Alle horchten auf. Wir kamen in wirklich fruchtbare Gespräche. Der sexuelle Missbrauch wird auch sprachlich deutlich. Die Klasse war erstaunt: Wir reden in Klartext über viele Dinge, nur das gesamte Gebiet der Sexualität wird mit Schmutz, mit kindlichen Formulierungen oder mit Fremdworten umgeben.

Die hochdeutsche Begrifflichkeit
Bis zum Bauchnabel reden wir in verständlichem Deutsch. Unterhalb benutzen wir vulgäre oder kindische Vokabeln. „Spiel nicht an deinem Kränchen oder an deinem Pillermann!" Oder wir werden besonders vornehm, wir reden nur in Fremdworten: Penis, Vulva, Klitoris, Vagina usw. Eine völlige sprachliche oder erzieherische Kehrtwende hat es leider bis heute nicht gegeben. Auch in der Pädagogik wird bis heute in der Regel mit Fremdworten gearbeitet. Es ist nicht nur eine sprachliche Barriere, es ist eine Mauer zwischen Erwachsenen, Kindern und Jugendlichen.

Eltern machen häufig den Fehler, dass sie bei sexuellen Problemen ihre eigenen sexuellen Gefühle und Fantasien im Kopf haben. Ihre genitale Sexualität spielt hier die Hauptrolle. An anderer Stelle wurde schon deutlich gemacht, dass der ganze Mensch das Sexualwesen Mensch, Mann, Frau oder Kind, repräsentiert. Lust erfasst den ganzen Körper. Kleine Zärtlichkeiten und alle Berührungen fördern das Wohlbefinden und die Geborgenheit des Kindes. Das Kind genießt es,

- wenn es am Bauch gekrabbelt wird,
- wenn der Kopf liebevoll gestreichelt wird,
- wenn es an der Brust der Mutter einschläft,
- wenn es sich am Kitzler streichelt,
- wenn das männliche Glied steif wird und der Junge sich angenehme Gefühle verschafft.

Kinder wollen sich wohlfühlen und zufrieden sein. Sie stecken alles in den Mund, Mutters Brustwarzen, Schnuller, Finger, Süßes und Unappetitliches. Sie spielen an Scheide und Glied, aber der Orgasmus ist noch weit entfernt. Kinder müssen lernen, dass der Kot nicht in den Mund gehört, dass er stinkt und dass sie nicht damit spielen.

Der Körper spielt eine entscheidende Rolle. Was vermitteln wir dem Kind? Erfährt es, dass alles zum Leben, zum Wohlfühlen gehört? Klar wird, dass wir unsere Erfahrungen als Erwachsene, was Sex und Liebe angeht, nicht mit den kindlichen Erlebnissen vermischen dürfen.

Die genitale Phase des Kindes – das Doktorspielen
Jetzt geht es um die Geschlechtsorgane, die ab dem 3. Lebensjahr für das Kind an Bedeutung gewinnen. Kinder berühren sich stärker als bisher und bringen Kitzler und Glied ins Spiel. Kinder nehmen auch die Geschlechtsunterschiede wahr. Mädchen erleben, dass sie wie die Schwester oder

Mutter geformt sind. Jungs erleben, dass sie dem Bruder
oder dem Vater ähneln. Es ist begreiflich, dass Kinder mit
Neugier reagieren. Im besten Sinne schamlos untersuchen
sie die unterschiedlichen Geschlechtsorgane von Bruder
und Schwester. Viele Eltern kommen ins Schwitzen. Was
dürfen sie erlauben, was sollten sie verbieten?

Da geht es um die berühmten Doktorspiele. Sie werden
ganz unterschiedlich praktiziert. Das hängt mit Ermahnun-
gen und Einschränkungen der Eltern oder anderer Betei-
ligter zusammen. Erleben Kinder in den ersten 3–5 Jahren
keinerlei Verbote, spielen sie völlig unängstlich vor den
Erwachsenen miteinander. Sie ziehen Höschen herunter,
schauen sich an und „befummeln" sich gegenseitig. Haben
Eltern und Erzieher schon früh den Kindern Grenzen gesetzt und das gegenseitige Untersuchen und Berühren verboten, ziehen sie sich gern ins Kinderzimmer oder andere
stille Orte – ohne Erwachsene – zurück und spielen etwas
„Verbotenes".

Wie sind die kindlich-sexuellen Spielereien zu bewerten?
Unsere Erfahrung und Erziehung spielen bei der Deutung
der kindlichen Spielereien eine Rolle. Sind wir sehr fromm
und äußerst konsequent erzogen worden, neigen wir dazu,
sehr früh einzugreifen und alle Spielereien zu verbieten. Allerdings urteilen wir mit Maßstäben der Erwachsenen über
das Neugierverhalten der Kinder. Der Nachteil: Kinder fühlen sich sofort schuldig, wenn sie die Gebote und Regeln
der Eltern nicht befolgt haben. Sie schweigen und lassen
Übergriffe von älteren Geschwistern oder anderen Kindern
geschehen, weil sie aus Neugier sich eingelassen haben.

Die schon genannte Elisabeth Raffauf rät zu folgendem
Verhalten:

„In Rollenspielen können sie vieles ausprobieren und ihre Körper erkunden. Und das können sie unbefangener tun, wenn sie merken, dass Erwachsene es nicht fehldeuten und nicht tabuisieren, sondern als wichtigen Teil von Körpererfahrung und Umgang mit der Welt einstufen. Für die Entwicklung des Kindes ist es förderlich, dass es seinen eigenen Körper untersucht, dass es seinem Forscherdrang nachkommen und Spaß haben kann, sich selbst zu erregen."[41]

Für Berührungen und die Doktorspiele sollten folgende Regeln gelten:

- Ein größerer Altersunterschied zwischen den Spielenden ist nicht gut.
- Zehnjährige und Vierjährige sollten beispielsweise so nicht miteinander umgehen. Hier gibt es ein Machtgefälle.
- Es sollte auch die Regel gelten, das niemand etwas tun darf gegen den Willen des anderen Kindes. Jedes Kind hat über seinen eigenen Körper zu verfügen. Das machen Eltern schon kleinsten Kindern klar.
- In der frühen Kindheit spielen körperliche Nähe, Schmusen, Streicheln, Sichwohlfühlen, Zärtlichkeit und Geborgenheit eine Rolle. In der Pubertät kommt die genitale Sexualität hinzu.
- Bis zum Alter von 7 bis 9 Jahren können Eltern schwierigkeitslos mit den Kindern nackt baden. Eltern schämen sich nicht. Aber Berührungen an Glied und Scheide zwischen Eltern und Kindern sollten nicht mehr stattfinden.
- Eltern sind Modelle. Verhalten, Gesten, Stimmungen, die ein Kind zu Hause erlebt, prägen sein Bild von der Welt. Kein Thema sollte ausgeklammert, tabuisiert und unterschlagen werden. Auch wenn das Kind nach der Sexualität der Erwachsenen fragt, je offener

und ehrlicher wir antworten, desto günstiger für die
Entwicklung des Kindes.

- Eltern zeigen kleine Zärtlichkeiten, Küsse und Um-
armungen vor den Kindern. Sie gehen Arm in Arm
und Hand in Hand. Konflikte der Eltern dürfen Kinder mitbekommen. Entscheidend ist, wie sie von den
Eltern beigelegt und überwunden werden. Kinder und
Jugendliche spiegeln später familiäre Lebensmuster
wider. Die Beziehungsmuster der Eltern sind Beispiele
für spätere Umgangsformen.
- Das gilt auch für die Dominanz des Vaters, für eine
Abwertung der Frau. Für ein mögliches Machoverhal-
ten. Kinder sind Lernende und übernehmen unverstanden viele Verhaltens- und Einstellungsmuster.

Das Schweigen der Eltern stärkt die Täter
Diese Überzeugung müssen wir uns immer wieder klarmachen. Schweigen ruft
    Misstrauen hervor,
    ruft Lücken und Unklarheiten hervor,
    ruft Verhaltensunsicherheit hervor,
    ruft Unwissenheit und damit Hilflosigkeit über die Be-
deutung des Sexuellen ganz allgemein hervor.
    Was passiert in unserem Körper?
    Was erleben Kinder, was erleben Erwachsene?

Ahnungslose Kinder können leichter verführt und missbraucht werden. Die Grenzziehung ist unklar. Was ist
normal, was ist nicht normal? Es dürfen auch nicht nur
Verbote ohne Erklärungen ausgesprochen werden. Der Satz
„Das gehört sich nicht!" bleibt ohne Erklärungen völlig im
Dunkeln!
    Was gehört sich nicht? Mutter: „Dass man nackt herum-
läuft!"

Badezimmer werden vor Kindern abgeschlossen.

Warum dürfen die Kinder ihre Eltern nicht mal nackt sehen?

Werden Kinder jetzt nicht erst recht neugierig?

Sie haben im Fernsehen Liebesszenen gesehen. „Was machen die da eigentlich?" Mutter oder Vater: „Dazu bist du noch zu klein. Das verstehst du noch nicht!" Genau diese Themen werden dann mit Freundinnen und Freunden auf der Straße in rüder Sprache und in liebloser Weise gedeutet.

Die wunderbaren Geschenke Gottes werden entwürdigt. Liebe wird auf körperliche sexuelle Beziehungen verkürzt. Sexuelle Gier und Lust stehen plötzlich im Mittelpunkt. Die gemeinsame Beziehung, die Freundschaft, das gegenseitige Verstehen, der Austausch von Gefühlen und Gedanken und von gemeinsamen Interessen werden uninteressant. Das Schweigen hat der Fehldeutung des Sexuellen Tor und Tür geöffnet.

Eltern, die offen über alles mit ihren Kindern reden, stärken bei Kindern das Vertrauen, alles, was sie bewegt, anzusprechen. Kinder,

die mit Geheimnissen operieren,

die Tagebücher verstecken,

die Eltern belügen,

die eine völlig isolierte Welt zu den Eltern aufbauen,

sind mit vielen Fragen und Problemen allein gelassen worden. Auch später als Jugendliche und Heranwachsende – ich habe das Beispiel aus der Schule gebracht – sind sie nicht in der Lage, über Sexualität in allen Bezügen in allgemein verständlicher Sprache, wie es zivilisierte Menschen tun, zu reden. Sie schämen sich und machen sich verletzbar, weil das Thema tabuisiert wurde.

Die richtigen Worte müssen benutzt werden

Wer die richtigen Begriffe und Worte verschweigt, bestärkt das Kind und den Jugendlichen,

abfällige,

unpassende,

unschickliche,

schmutzige und diskriminierende Umschreibungen zu benutzen.

In Gruppen, auch hinter der vorgehaltenen Hand, und beschämt werden sie verwendet. Wir verwenden überall die Hochsprache.

Das männliche Glied heißt Glied, umgeben von der Vorhaut, darunter die Eichel. Sie ist der eigentliche Erregungspunkt. Die Begriffe Schwanz, Pimmel, Pipimax, Schniedel, Schwänzchen, Pillermann und Puller sollten nicht verwendet werden. Warum? In der Öffentlichkeit, in der Schule, im Zusammensein mit Fremden lösen sie ein Befremden aus. Kinder schämen sich, weil sie nicht in der Lage sind, in guter und hilfreicher Sprache über die Dinge zu sprechen.

Wie werden die weiblichen Geschlechtsteile genannt? Muschi, Möse, Fotze, Pflaume, Brötchen usw. müssen nicht sein. Das weibliche Geschlechtsteil ist die Scheide, sie besteht aus Schamlippen, darin sitzt die Erregungsstelle für Mädchen und Frauen, der Kitzler. Auch hier sind alle Fremdwörter überflüssig: Vulva, Vagina, Klitoris usw.

Wir sagen doch auch nicht:

„Mein *oculus* (mein Auge) beobachtet gerade ...", oder „Ich gebe dir meine *manus* (meine Hand)!"

Auch alle abfälligen Begriffe sollten vermieden oder liebevoll korrigiert werden: „Arschficker", „Wichser", „schwule Sau", „der hat die gevögelt", „die wurde gefickt". Gute Begriffe, die überall Verwendung finden können, lauten:

Die beiden haben Geschlechtsverkehr,

die beiden schlafen miteinander,
die beiden lieben sich.

Als Sexualpädagoge wurde ich in ein „Haus der offenen
Tür" eingeladen, und ich sprach mit Jugendlichen über
körperlich-sexuelle Beziehungen. Alle unanständigen Begriffe, die wir gemeinsam zusammengetragen hatten und
die sich mit Geschlechtsverkehr beschäftigen, schrieb ich
auf ein Flipchart. Dann bat ich die Jugendlichen, etwa 45
Jungen und Mädchen im Alter zwischen 16 und 18 Jahren,
mir fünf Zettelfragen geheim und ohne Namen zu beantworten. Eine dieser fünf Fragen lautete:

„Wenn du einen festen Freund oder eine feste Freundin
hättest, würdest du einen der genannten Ausdrücke benutzen, um dich dem Partner/der Partnerin zu nähern?" Die
Frage konnte mit Ja oder Nein beantwortet werden. Das
Ergebnis:

Kein Jugendlicher hatte die Frage mit Ja beantwortet.

Das heißt: Im innigen Kontakt zwischen Mann und Frau
würden diese Begriffe die Beziehung der beiden eher be-
lasten. Etwa die Hälfte der Anwesenden gestand aber, vor
Angehörigen des gleichen Geschlechts – in einer Gruppe
also – solche Ausdrücke zu verwenden.

Welche Fragen stellen Kinder in welchem Alter?
Elisabeth Rauffauf, die als Redakteurin beim WDR-Hörfunk
die Reihe „Herzfunk" für Sechs- bis Zwölfjährige betreut,
schreibt über Fragen und Probleme, die diese Kinder tele-
fonisch stellen.

- Sieben- bis Achtjährige wollen etwas erfahren über
  den eigenen Körper, wie sie die neuen wechselnden
  Gefühle einordnen sollen.
- Wie bekommt man Kinder? Warum lachen manche
  über den Begriff Sex?

- Was ist Selbstbefriedigung? Was ist die Vorhaut? Was sind Prostituierte?
- Was ist Petting? Was passiert bei der Beschneidung? Wie fühlt sich Liebe an?
- Neun- bis Elfjährige suchen zum Teil schon konkretere Handlungsanweisungen: Was muss man machen im Reich der Liebe?
- Gibt es etwas, was man als Junge beim Sex beachten muss?
- Wie angele ich mir eine Freundin? Warum wird bei Jungs der „Pimmel" groß?
- Bei Zwölfjährigen ist ablesbar, dass sie zum Teil schon sexuelle Erfahrungen mit anderen haben. Was ist ein Orgasmus? Wieso schämt man sich, wenn man nackt ist? Was ist eigentlich der Kitzler?[42]

Kinder fragen, und wir antworten:

„Mutti, was ist ein Wichser?" Antwort: „Einer, der sich an seinem Glied selbst befriedigt, der schiebt die Vorhaut über die Eichel hin und her."

Wir benutzen nicht den Begriff Masturbation. Wieso wieder ein Fremdwort?

Der Begriff „Onanie", der unbegreiflicherweise auch von vielen Fachleuten verwendet wird, ist erst recht falsch. Onan ist ein Mann in der Bibel, er hat aber keine Selbstbefriedigung getrieben. Er sollte eine Frau heiraten, die er nicht wollte. Beide lebten zusammen. Wenn sie sexuell miteinander verkehrten, ließ Onan den Samen auf die Erde fallen, damit sie kein Kind von ihm bekam.

Im Mai 2015 hatte der jüdische Film *Sacred sperm* seine Deutschland-Premiere. Der religiöse Regisseur Ori Gruder hat einen Dokumentationsfilm gedreht über das Selbstbefriedigungsverbot der ultraorthodoxen Juden. Rabbi Prosper Malka formuliert im jüdisch-orthodoxen Sinne: „Einer, der seinen Samen verschüttet, tötet wortwörtlich seinen Sohn."

„Warum hat die Mama den Papa geheiratet?" Interessante Frage.
Was antworten wir wirklich?
Was bindet uns zusammen?
Was verstehen wir unter Liebe?
Welche Rolle spielt die Liebe in der Ehe?

Eltern und Kinder stehen am Bahnhof plötzlich vor einem Kondom-Automaten.
„Warum braucht man die?"
Mögliche Antwort: „Dass der Same des Mannes beim Geschlechtsverkehr nicht in die Scheide der Frau fließt. Mann und Frau wollen noch keine Kinder." Oder eine ehrliche Antwort:„Vati und Mutti benutzen auch Kondome. Mutti will keine Kinder mehr, weil sie beruflich noch erfolgreich sein möchte."

Wehe, wenn Eltern nur vom Klapperstorch geredet haben. Spätestens im Kindergarten hört das Kind etwas anderes. Und das Vertrauen zu den Eltern kann gestört werden.

Geschenktes Vertrauen lässt Vertrauen bei Kindern wachsen
Kinder, die Vertrauen zu ihren Eltern haben, stellen viele Fragen.
Sie trauen sich.
Sie fühlen sich ernst genommen.
Sie werden nicht ausgelacht.
Untersuchungen haben ergeben, dass Kinder, die Vertrauen haben, in der Regel gut aufgeklärt waren. Kindern Vertrauen entgegenzubringen heißt auch, alle Fragen, die

sie stellen, ernst zu nehmen. Es gibt keine dummen Fragen, es gibt nur dumme Antworten. Das ist eine einleuchtende Wahrheit. Drohungen oder sich lustig machen über welche Äußerungen auch immer sind Vertrauensbrüche. Dazu gehört auch, dass Eltern sensibel auf alle Äußerungen reagieren. Wer Nebensätze oder kleine Anfragen, die kindlich und unklar geäußert werden, überhört, verleitet das Kind dazu, sich unverstanden zu fühlen.

In der Psychologie sprechen wir von *Urvertrauen*, das Kinder getankt haben sollen. Dazu gehört, dass sie sich im Schoß der Mutter oder des Vaters wohl und geborgen fühlen. Die Sehnsucht nach Berührung, nach Streicheln, nach Worten der Liebe und der Zuwendung gehören dazu. Das Kind fühlt sich bestätigt. Das Selbstvertrauen wird gefördert.

Kommt das Kind in die Pubertät und hat erste Kontakte zum anderen Geschlecht, zeigt es sich, ob das Kind seinen Eltern vertraut. Studien der Bundeszentrale für gesundheitliche Aufklärung zur Jugendsexualität zeigen,

- dass die allerwenigsten Mädchen und Jungen die Eltern über ihr „erstes Mal" informiert haben,
- dass über Verhütung, Verliebtheit, Petting kaum oder gar nicht gesprochen worden war,
- dass nur ein geringer Teil der Eltern den Kindern Aufklärungsbücher anboten, um ihnen unter Umständen Fragen zu beantworten,
- dass Mütter in 44 % der Fälle für die Mädchen, nur 37 % der Väter für die Jungen als Aufklärer zur Verfügung standen,
- dass Pubertierende glauben, dass den Eltern alles egal ist, wenn sie keine Fragen stellen.

Was hat gefehlt?
Mütter vor allem müssen mit ihren Jungen über Sinnlichkeit sprechen. Frauen verstehen in der Regel mehr davon
als Männer. Sie lieben ganzheitlicher und sinnlicher. Was
ist gemeint? Sinnlichkeit meint alle unsere Sinne, die in
Freundschaft, Liebe und dem ganzheitlichen Zusammenleben eine Rolle spielen. Frauen verstehen Liebe fast immer ganzheitlich. Küssen, Umarmen, Berühren, Streicheln,
Kuscheln, sich wohlfühlen, Liebkosungen, Schweigen und
Genießen gehören für sie zusammen. Wenn erwachsene
Männer keinen Geschlechtsverkehr bekommen, sind sie
unglücklich.

Wie formulierte es Archibald Hart: „Man umarmt und küsst
Mädchen mehr als Jungen. Aber auch Jungen müssen umarmt werden. Sie sollten von beiden Eltern geküsst werden.
Ist ein Mann um diese Grundbestandteile betrogen worden, geht er kaum (als Ehemann) mit liebevollen Gedanken auf seine Frau zu und überlegt nicht, wie er eine sinnli-
che Atmosphäre schaffen könnte. Er ist zielorientiert, ihm
geht es im Sexualleben darum, zur Sache zu kommen."[43]

Grenzen ziehen – Grenzen respektieren
Das Thema Missbrauch ist unser Generalthema. Das heißt,
es geht immer auch um Grenzen und um Grenzüberschrei-
tung. Da wir alle verschieden sind, reagieren wir alle auch
verschieden auf körperliche Berührungen und kleine Zärtlichkeiten.

Es gibt Grenzen, die sind wie die Berliner Mauer gezogen, andere sind mit elektrischem Stacheldraht gesichert,
wieder andere nur durch kleine Kennzeichen angedeutet.
So erleben Erwachsene und Kinder auch Grenzen.

Da gibt es Kinder, die lassen sich gern von Oma und Opa

ein Küsschen geben. Andere sträuben sich, andere wehren sich. Einige geben nicht einmal die Hand. Wahrscheinlich ist Schüchternheit, wie Hirnforscher sagen, schon angeboren. Die einen sind unwahrscheinlich zugewandt, andere extrem abweisend.

Hauptregel: Wir nehmen Kinder ernst. Wir respektieren ihre Gewohnheiten. Wir zwingen sie nicht, bestimmte Wünsche zu erfüllen. Aber wir helfen ihnen, Beziehungen zu klären.

Jugendliche wollen sich abgrenzen. Sie lehnen ständige Kontrolle ab. Der Computer sollte nicht von Eltern kontrolliert werden. Wir können über Pornografie mit ihnen reden. Wir sagen unsere Gefühle, unsere Vorbehalte, unsere Empfindungen. Wir reden über *unsere* Pubertät.

Was haben *wir* getan und empfunden?

Welche Abneigungen und Bedenken hatten wir?

Welche Wünsche und Fantasien haben wir gehabt?

Wie sind wir mit allem fertig- oder nicht fertiggeworden?

Wir bieten fragend solche Dinge an, weil wir wissen, der Jugendliche ist mit ähnlichen Problemen beschäftigt.

Ehrlichkeit zahlt sich aus. Wir machen es ihnen leichter, sich mit Fragen und Sorgen an uns zu wenden. Wir reden über Grenzen, die wir uns vorstellen. Wir begründen die Grenzen mit unseren Erfahrungen und Überzeugungen.

Das hilft den Jugendlichen, Grenzen leichter zu ziehen. Wir bringen unsere Glaubensüberzeugungen zur Sprache. Die Gespräche finden auf Augenhöhe statt. Eltern nehmen den Jugendlichen ernst, er nimmt uns ernst.

Ich weiß aus Gesprächen mit Jugendlichen, wie sehr sie solchen Austausch schätzen. Ihnen wird es leichter, Erlaubtes und Unerlaubtes, Verbotenes und Anstößiges zu unterscheiden.

Wo sind die gesetzlichen Grenzen?
Früher gab es den Kuppelei-Paragraphen, der belastete die Eltern, wenn sie minderjährige Jungen und Mädchen in ihrem Hause übernachten ließen. Wir fragen uns, ob wir Sohn oder Tochter erlauben, Freund oder Freundin bei uns übernachten zu lassen? Mit unkommentierten Verboten erreichen wir gar nichts. Sie reagieren wütend und machen draußen, was sie wollen.

Ab wann ist Sex erlaubt?

Was spricht gegen voreheliche Beziehungen? Als Christen beziehen wir klar Stellung, aber wir drohen nicht und bestrafen die Jugendlichen nicht, wenn sie anders gehandelt haben. Vertrauen ist hilfreicher als Bestrafung.

Wenn ein Jugendlicher unter 14 Jahre alt ist, der Partner ist etliche Jahre älter, kann er bestraft werden. Ein Jugendlicher unter sechzehn und ein Partner über einundzwanzig Jahren können bei sexuellen Beziehungen bestraft werden.

Bei Partnern über sechzehn gibt es keine strafrechtlichen Konsequenzen, wenn beide einverstanden sind.

Sexuelle Übergriffe im Netz – Cybergrooming
Man spricht von „Cybergrooming". Hierbei sprechen Erwachsene Kinder und Jugendliche gezielt an, um sexuelle Kontakte anzubahnen. Das englische Wort *to groom* bedeutet wörtlich übersetzt „Pferde pflegen, Pferde striegeln", der *groom* ist der Pferdeknecht, der Stallknecht. Es geht um eine „Internet-Anmache". In Chatrooms und in den Netzwerken lernt man andere vermeintliche Jugendliche kennen. Selbstverständlich sehen die Täter gut aus, treten elegant und anmachend auf. Sie wecken Vertrauen und unterscheiden sich oft erheblich von Klassenkameraden und Klassenkameradinnen. Man schreibt ihnen, tauscht zunächst Unverbindlichkeiten aus. Aber der Austausch wird schnell intimer und persönlicher.

Natürlich wollen beide wissen, wie sie aussehen, möglichst nackt. Fotos werden ausgetauscht. Die Webcam wird eingeschaltet, die verrücktesten Stellungen werden dem Unbekannten gezeigt.

Noch erfolgt die Befriedigung auf Abstand. Noch bleiben beide in ihrem Zimmer. Aber dann haben sie Gefallen aneinander gefunden. Anschriften werden ausgetauscht. Täter, die gezielt vorgehen, wissen genau, wie sie die Freundin erpressen können. Durch die Nacktaufnahmen und dargestellten schamlosen Spielereien haben sie sie in Händen. Übergriffe und Missbrauch sind raffiniert eingeleitet.
Wie oft kommt so etwas vor?
„Besonders auffällig ist der Trend bei Sechs- bis Dreizehnjährigen, soziale Netzwerke zu nutzen. Im Jahr 2008 waren es noch 16 Prozent, die zumindest einmal in der Woche Communities nutzten, 2010 hatte sich der Anteil auf 43 Prozent erhöht. Jeder Dritte der zehn- bis elfjährigen Internetnutzer hat ein Profil in einer Community. Bei Zwölf- bis Dreizehnjährigen sind es schon doppelt so viele, und das, obwohl die meisten Anbieter das Anlegen eines eigenen Profils erst ab zwölf Jahren ‚erlauben'."[44]

Je älter die Internetnutzer sind, desto häufiger kommt es zu persönlichen Kontakten. Bei den Achtzehn- bis Neunzehnjährigen sind es schon 39 Prozent.

Mit „Cybergrooming" ist auch „Sexting" verbunden. Der Begriff hat sich eingebürgert und wird benutzt für die Weitergabe von erotischen Fotos und Bildern. Auch hier sind der Erpressung Tor und Tür geöffnet. Täter, die Missbrauch planen, bauen Schritt für Schritt Vertrauen auf, sodass sich Kinder später trauen, auch Nacktfotos und pornografische Darstellungen von sich weiterzugeben.

Für Eltern und Verantwortliche sind die Wege und Verführungsmöglichkeiten ihrer Kinder undurchschaubar. Reizüberflutung und die Informationsübermittlung übersteigen jede Vorstellung. Von daher ist die Angst vieler Eltern begründet. Sie wollen Freiheit geben und müssen Kontrolle ausüben. Sie wollen selbstvertrauende und selbstbewusste Kinder erziehen und müssen doch viele Möglichkeiten unterbinden.

Mir haben Eltern gestanden: „Was wir auch immer machen, es ist verkehrt. Verbieten wir rigoros, verlieren die Kinder das Vertrauen. Lassen wir alles laufen, bringen wir die Kinder in Gefahr." Der Spagat ist äußerst belastend. Den Computer verbieten ist in der Gegenwart unmöglich. Er gehört zu den notwendigen Schlüsselkompetenzen.

Erlauben wir den Kindern erst ab 14 Jahren das Internet, fühlen sie sich benachteiligt und den Gleichaltrigen unterlegen.

Kinder wollen offen sein, wollen sich und ihre Möglichkeiten erproben. Ohne Frage, sie wollen eigene Wege gehen und ausprobieren. Die Abnabelung ist ein erstrebenswertes Ziel.

Ein paar Tipps für Eltern
In der Seelsorge- und Beratungsarbeit gilt der Kernsatz: „Ratschläge sind Schläge!" Was machen wir? Wir sprechen in Ruhe und gründlich alle Probleme durch, untersuchen das Für und Wider und suchen gemeinsam nach Lösungen. Im Grunde gilt das für die Arbeit mit Kindern und Jugendlichen genauso. Wir sind nicht die Besserwisser, die sofort mit Ratschlägen parat stehen.

„Was kann dir helfen?"

„Was können wir gemeinsam verantworten?"

„Wie können wir uns gemeinsam schützen?"

„Was, meinst du, sollten wir beschließen?"

Eltern und Kinder machen sich gemeinsam auf den Weg, das Internet zu entdecken. Spielerisch lernt das Kind. Hilfreich ist es, dass Computer im Kindergartenalter und im Grundschulalter im Kinderzimmer nichts zu suchen haben. Alle Wege werden zunächst gemeinsam gesucht. Neuentdeckungen des Kindes werden nicht verboten, sondern besprochen.

Der Jugendschutz hat eine Broschüre herausgegeben, die Eltern bestellen können. Thema: „Chatten ohne Risiko". Fünf Sicherheitstipps sind darin formuliert:

1. Hol dir Infos über Seiten, die du benutzt: Kostet die Seite etwas? Welche Regeln gibt es? Wer achtet darauf, dass sie eingehalten werden?

2. Schütze deine Daten: keine E-Mail-Adresse, Wohnungsadresse, Telefonnummer preisgeben.

3. Bleib misstrauisch bezüglich deines Gegenübers. Frage dich immer: Würde ich das einem Fremden erzählen? Fotos können gefälscht sein. Triff niemanden offline alleine. Ein echter Chatfreund hat nichts dagegen, wenn du dich schützt und mit deinen Eltern aufkreuzt.

4. Lass dir nichts gefallen: Wenn andere mobben, beschwer dich beim Moderator, sprich mit deinen Eltern.

5. Beachte selbst bestimmte Spielregeln: Nimm Rücksicht auf andere. Lade keine Bilder von anderen hoch. Zeige keine Seiten, auf denen eklige oder pornografische Inhalte zu sehen sind.[45]

Eltern und Kinder stimmen gemeinsam über die Zeiten der Benutzung des PC ab. Kernregel: Gemeinsam sind wir stark, gemeinsam gestalten wir unser Leben. Fehler und Überschreitungen kommen immer wieder vor. Sie werden besprochen, aber nicht hart geahndet.

Es geht um Bindungsfähigkeit und Treue
In der Sexualerziehung von Kindern und Jugendlichen
kommt die Bindungsfähigkeit völlig zu kurz. Wenn es in
erster Linie darum geht, dass Kinder ihren Körper und ihre
Sexualität entdecken, dass alle sexuellen Berührungen und
Kontakte erlaubt sind, dass Lust und Selbstverwirklichung
im Mittelpunkt stehen, dass sie sich wohlfühlen und keine
Grenzen und Verbote kennenlernen, dann ist es um die
Bindungsfähigkeit, um Treue und Verlässlichkeit, die in
späteren Partnerschaften eine Rolle spielen, schlecht bestellt. Dann bleibt die Liebe ein Fremdwort.

Besonders Mädchen und junge Frauen leiden, weil ihre
Liebe und ihre Verliebtheit häufig enttäuscht werden. Der
junge Philosoph Richard David Precht hat einen Bestseller
über das Thema „Liebe" geschrieben. Er weiß, dass Liebe
das beliebteste Thema der Menschen ist. Romane und Filme ohne Liebe sind selten. Er ist davon überzeugt, dass die
Liebe das wichtigste Thema an der Schnittstelle von Natur
und Geisteswissenschaft ist. Aber er weiß, die Philosophen
haben starke Konkurrenz bekommen von Psychologen,
Theologen, Pädagogen, Soziologen, Chemikern, Biologen,
Genetikern, Evolutionsbiologen, Hirnforschern und, und,
und. Alle wollen mitreden. Und genau dieses wichtige The-
ma wird weitgehend ausgeklammert.
   Precht schreibt: „Liebe ist nicht alles im Leben; aber ohne
Liebe ist alles nichts. Kaum etwas ist uns wichtiger als die
Liebe. Sie ist die Zentralheizung unseres Universums, das
Gefühl, das unsere Taten motiviert und ihnen Sinn gibt."[46]

Liebe hat auch mit sexuellen Gefühlen und Praktiken zu
tun. Aber: Liebe ist mehr, ist umfangreicher, Liebe motiviert und gibt dem Leben Sinn. Liebe ist mehr als Begehren, mehr als Lust und Leidenschaft. Liebe will schenken,

beglücken, bereichern, ohne selbst Lust und Befriedigung zu erfahren.

Merkwürdig: In der Sexualerziehung kommen diese Inhalte nur am Rande zur Sprache. Lust und Verliebtheit lassen sich einfach beschreiben. Bei der Liebe bleibt den Evolutionsbiologen die Sprache weg.

Wie kommen nun Bindung und Treue zustande? An Tieren haben Forscher – so Precht – ganz neue Erfahrungen gemacht. Es geht um Präriewühlmäuse, die die seltsame Eigenschaft aufweisen, dass sie ein Leben lang treu sind und treu zusammenstehen. Sie leben monogam. Beide Eltern ziehen ihre Jungen auf. Precht wörtlich:
„Die erste sexuelle Begegnung von Männchen und Weibchen führt sofort zur lebenslangen Einehe. In der ersten gemeinsamen Nacht geraten die Mäuse geradezu in einen biochemischen Wahnzustand und paaren sich mehr als zwanzig Mal. Sie bauen ein gemeinsames Nest, kuscheln sich beim Schlafen aneinander und können auch sonst nicht mehr vom anderen lassen."[47]
Frage: Was macht Mäuse treu? Antwort: Das Geheimnis liegt an zwei Hormonen: Oxytocin und Vasopressin. Präriemäuse haben viel davon.
Die Bergmäuse dagegen sind untreu, haben die Forscher herausgefunden. Was machen sie? Sie verabreichen den Bergmäusen in Versuchen das isolierte Gen der Präriemäuse und schleusen es den Männchen der Bergwühlmäuse ein. Wieder Richard David Precht: „Tatsächlich: Unter der Zufuhr von Vasopressin wurden die scharfen Bergwühlmäuse zu treuen Kuschelmäusen. [...] Was lernen wir daraus für die menschliche Liebe? Von der Entdeckung des ‚Treuehormons' ist hier vielfach die Rede. Noch weiter geht der deutsche Autor Bas Kast, für ihn ist Oxytocin sogar ein ‚Lie-

beshormon'. Der Stoff, aus dem die Wühlmausehe ist, soll auch für die Liebe des Menschen richtungsweisend sein."[48]

Kann man die Hormonuntersuchungen mit Oxytocin und Vasopressin bei Mäusen auf den Menschen übertragen? Die Forscher sagen Ja. Denn auch bei uns Menschen spielen beide Hormone eine wichtige Rolle. Wörtlich Precht:

„Dass Oxytocin-Rezeptoren einen wichtigen Einfluss auf Bindungslust und Bindungsfähigkeit von Menschen haben, gilt heute als sehr wahrscheinlich. Oxytocin ist also eine Art Langzeitklebstoff. Bei Müttern löst es die Wehen aus, bestimmt die Milchzufuhr und intensiviert die Beziehung zum Kind. Bei menschlichen Paaren könnte es den Bogen spannen von den ersten sexuellen Erlebnissen zur Langzeitbindung."[49]

Noch ein paar Anmerkungen zu diesen Hormonen und ihrer Wirkung auf den Menschen:
- Oxytocin und Vasopressin werden beim Sex erzeugt,
- Oxytocin kann schon beim Anblick des anderen ausgestoßen werden,
- die Oxytocinzufuhr fördert die körperliche Zuneigung nachweislich,
- das Hormon erzeugt nicht nur sexuelle Erregung, sondern auch Zufriedenheit und Geborgenheit.

Aber diese Hormone machen den Menschen nicht absolut treu.

Dieser Satz muss unmissverständlich formuliert werden. Wir Menschen sind widersprüchliche Wesen und Sünder.

Jede Stimmung provoziert eine Gegenstimmung,
jedes Gefühl kennt ein Gegengefühl,
jede Geborgenheit kennt auch Einsamkeit,
jedes Glücksgefühl kennt auch Leid,

jede Zusammengehörigkeit wird von Angst begleitet,
jede Treue wird von Untreue bekämpft,
jede Liebe wird von Egoismus infrage gestellt,
jedes Versprechen auf lebenslange Treue und Verlässlichkeit ist mit Untreue und Unzuverlässigkeit konfrontiert.

Es gehören ein tiefer christlicher Glaube, eine unbedingte
Treue zu unserem Herrn und eine ehrliche Hingabe an den
Partner dazu, um lebenslange Treue und eine verlässliche
Bindung zu garantieren.
Es ist ein Gottesgeschenk, wenn Eltern sie ihren Kindern
vermitteln können.

Was haben depressive Stimmungen mit Bindungslust und
Bindungsfähigkeit zu tun? Rein statistisch sollen depressive Verstimmungen und depressive Phasen bei Mädchen
wesentlich häufiger auftreten als bei Jungen. Was sind die
Gründe? Ein wesentlicher Grund ist meines Erachtens die
bittere Enttäuschung, sitzen gelassen, betrogen und benutzt worden zu sein. Mädchen und Frauen sehnen sich
im Allgemeinen stärker als Jungen und Männer nach festen
Freundschaften und nach Verbindlichkeit.

Auch die Soziologin Gabriele Kuby beschäftigt sich intensiv mit der Bindungsfähigkeit des Menschen und seiner
Hormonausschüttung. Auch sie sieht einen positiven Zusammenhang, wenn sie schreibt:
„Demoskopische Jugenduntersuchungen zeigen, dass
dieser Wunsch bei Jugendlichen sogar steigt und von 80
bis 90 Prozent zum Ausdruck gebracht wird. Damit sich
dieser Wunsch erfüllen kann, ist eine gewisse Reife der
Persönlichkeit notwendig. Frühe Sexualkontakte verhindern diese Reifung und führen zu tiefen Enttäuschungen
und seelischen Verletzungen. Mit jeder Enttäuschung in

Liebesbeziehungen nimmt die Bereitschaft zur Bindung
ab. [...] Ob gewollt oder nicht, führt jede sexuelle Beziehung zu einer Bindung an den Sexualpartner. Dafür gibt
es hormonelle Hintergründe. Oxytocin, das auch ‚Glücks-
hormon' genannt wird, hat großen Einfluss auf die emo-
tionale Bindung zwischen zwei Menschen. Oxytocin stärkt
das Vertrauen und reduziert die Angst. Je größer die Liebe,
umso stärker die Ausschüttung von Oxytocin, umso stärker
die Bindung – ein sich wechselseitig verstärkender Prozess.
Die größere Bindungsfähigkeit und Bindungswilligkeit von
Frauen spiegelt sich daran, dass das weibliche Hormon
Östrogen die Oxytocin-Ausschüttung positiv unterstützt.
Wird diese Bindung immer wieder zerrissen, so reduziert
sich die Ausschüttung von Oxytocin."[50]

Keine Frage,
- dass bei promiskuitivem Sex von Anfang an die
  Sehnsucht nach tiefen, treuen Liebesbeziehungen ge-
  schwächt wird,
- die Trennung von Leib und Seele immer offener her-
  vortritt und Sex dagegen zu einer rein körperlichen
  Befriedigung degeneriert.

Einführung der schulischen Sexualerziehung
1969 geschah der Durchbruch. Die Empfehlung der Kultus-
ministerkonferenz besagte, dass die schulische Sexualerziehung Pflicht und den Bundesländern auferlegt wurde. 1974
setzten die Bundesländer das Gesetz um. Es gab viel Widerstand, und das Bundesverfassungsgericht musste einschrei-
ten. 1977 entschied das Bundesverfassungsgericht, dass die
Sexualerziehung in der Schule gleichberechtigt neben der
elterlichen Sexualerziehung stattfinden darf. Aber das El-
ternrecht wird ausdrücklich betont. Außerdem forderte das
Bundesverfassungsgericht,

- dass die Schule auf die religiösen und weltanschaulichen Gesichtspunkte der Eltern zu achten hätte,
- dass die Schule eine Indoktrinierung der Kinder und Jugendlichen zu unterlassen habe,
- dass die Eltern Anspruch haben, über den methodisch-didaktischen Weg der Schule unterrichtet zu werden.

Da aber Eltern und Staat völlig ungleiche Partner sind, wurde das Naturrecht der Eltern auf Erziehung ihrer Kinder ausgehebelt. Wer es also wagte, Kinder vor dem schulischen Zugriff in der Sexualerziehung zu schützen, unterlag in Gerichtsentscheidungen. Im Grunde wird das Grundgesetz der BRD (Artikel 6,2) außer Kraft gesetzt, wo es heißt, dass „Ehe und Familie unter dem besonderen Schutz des Staates stehen". Ehe und Familie stehen eben nicht mehr im Mittelpunkt der Betrachtungen.

Der Verlust des Schamgefühls
Es gab mal den Begriff des „unschuldigen Kindes". Was war gemeint:

- Freiheit von sexuellen Gedanken und Bildern,
- Freiheit von sexuellem Begehren und sexuellen Aktivitäten,
- Schamgefühl.

Schamgefühl muss respektiert werden. Das ist so heute in Kindergärten und Kitas unmöglich, weil dieser Aspekt heute völlig anders gedeutet und praktiziert wird.

Der Ausdruck „Schamlippen", wie er der deutschen Sprache entspricht, wird von vielen modernen Sexualpädagogen abgelehnt. Der Ausdruck „Scham" sei Quatsch. Kinder müssten sich nicht schämen.

Neil Postmann macht für den Verlust des Schamge-

fühls die elektronischen Medien verantwortlich. Wörtlich
schreibt er: „Ohne Kontrolle der Triebregungen und insbesondere der aggressiven und auf die direkte Befriedigung
zielenden Regungen kann es keine Zivilisation geben. Wir
sind ständig in Gefahr, von Barbarei, Gewalt, Promiskuität, Instinkt und Egoismus überwältigt zu werden. Das
Schamgefühl ist ein Mechanismus, mit dem die Barbarei
eingedämmt wird. Deshalb bildete die Einprägung von
Schamgefühlen einen bedeutsamen und zugleich heiklen
Bestandteil der schulischen und informellen Erziehung des
Kindes."[51]

Die hormonelle Entwicklung bei Kindern zeigt, dass eine
frühe Sexualisierung falsch ist. Der Hormonspiegel, der
das biologische Geschlecht von Jungen mit Testosteron
und das der Mädchen mit Östrogen prägt, steigt bei beiden Geschlechtern in den ersten zwei Monaten. Er bleibt
dann aber bis in die Pubertät relativ niedrig. Erst Jahre später erreicht er das Erwachsenenniveau. Eine seelische Reife
bleibt auf der Strecke.

Die geförderte Selbstbefriedigung steigert das sexuelle Begehren
Wenn Kinder und Jugendliche zur Selbstbefriedigung angeregt werden, kann das nur eine egoistische und selbst-
süchtige Sexualität verstärken. Die heute angestrebte und
viel gelobte Selbstverwirklichung, die immer auch die Sexualität mit einschließt, kommt voll zur Geltung. Schon
früh wird die Selbstbefriedigung Gewohnheit, und die Gewohnheit kann zur Sucht werden. Pornos, die gegenwär-
tig problemlos abgerufen werden können, verstärken die
sexuelle Gier.
   Über Bindungsdefizite und Bindungslosigkeit wurde
schon gesprochen. Der kleine Mensch will haben, will genießen, will sich befriedigen. Von Liebe, die schenkt, die

beglücken will, die feste Bindungen und feste Freundschaft garantierten will, kann keine Rede sein. Verbindlichkeit, Treue und feste unauflösliche Partnerschaften stehen nicht zur Debatte. Sie widersprechen der menschlichen Natur. Es bleiben Wunschideen von konservativen und christlichen Schwärmern, die von einer reinen Liebe träumen, die von den wirklichen Realos längst abgehakt sind. Die Sexualrevolutionäre wollen Selbstverwirklichung und Triebbefriedigung, sie wollen Freiheit, aber keine Liebe und feste Bindung. Die Rechte von Kindern werden übertrieben gefördert, aber die Zerstörung familiärer Bindungen heraufbeschworen.

Wer spricht noch von Verantwortung?
Das Wort „Verantwortung", ein Begriff mit einem hohen Stellenwert, wird zu einer vernebelten Vokabel. Wer Selbstbefriedigung und Selbstverwirklichung großschreibt, kann Verantwortung nur ganz klein schreiben. Wer Verantwortung trägt, muss Antwort geben, muss sich verantworten. Professor Friso Melzer drückte es so aus: „Der Höherstehende ruft den Untergebenen und verlangt von ihm auf sein Wort das Gegenwort. Er zieht den Untergebenen zur Rechenschaft, zur *Ver-antwort-ung*. Das ist ein personhafter Vorgang, der sein Urbild darin hat, dass Gott als der Herr und Richter den Menschen ruft: ‚Wo ist dein Bruder Abel?' Verantwortung lebt und wirkt zwischen Personen! Somit können wir nicht von Selbst-Verantwortung sprechen. Widersinnig und gefährlich ist es zu sagen: ‚Dafür übernehme ich die Verantwortung', solange nicht ebenso deutlich gesagt wird, wem gegenüber das geschieht."[52]

Wer nur *vor sich selbst* die Verantwortung trägt, kann sie beliebig drehen und wenden wie einen Spielball. Er macht, was er will. Dem Missbrauch steht nichts im Wege.

Die Freiheit der sexuellen Betätigung hat die Familie als Grundeinstellung der Gesellschaft unterminiert. Minderheiten werden bevorzugt, das Allgemeinwohl vernachlässigt. Immerhin ist es in Deutschland so, dass noch im Jahre 2008 77,5 Prozent der Kinder mit verheirateten Eltern zusammenleben. Und etwa Dreiviertel der Jugendlichen wünschen sich später intakte Familien, um ein glückliches Zusammensein leben zu können.

Ist es nicht so, dass eine grenzenlose Freiheit den Menschen zum Sklaven seiner selbstsüchtigen Begierden macht?

Intoleranz gegen konservative Kritiker wird stärker

Nicht nur in Deutschland, sondern in vielen Ländern der Welt verstärkt sich die Intoleranz. Einige Beispiele mögen das belegen: 2009 fand der Fachkongress für Psychotherapie und Seelsorge in Marburg statt. Der Kongress hatte zwei Referenten eingeladen, die vom *Lesben- und Schwulenverband in Deutschland (LSVD)* heftig beschimpft werden. Einmal die christliche Ärztin Dr. Christl Vonholdt, Mitarbeiterin in der *Offensive Junger Christen* in Bensheim, und Markus Hoffmann, Leiter der Organisation *Wüstenstrom,* die beide Menschen mit homosexuellen Neigungen beistehen. Der Lesben- und Schwulenverband setzte alle Hebel in Bewegung, dass die beiden Referenten ausgeladen werden sollten. Ein „Aktionsbündnis" von feministischen und antisexistischen Gruppen wollte den gesamten Kongress zu Fall bringen.

Über 1000 Polizisten mussten eingesetzt werden, um den Kongress gegen Demonstranten, die auch gewalttätig wurden, zu schützen. Gott sei Dank nahmen angesehene Persönlichkeiten gegen dieses „Aktionsbündnis" Stellung und protestierten gegen die Einschüchterung des Kongresses, der Politiker und der Bevölkerung, die ein Klima der

Angst erzeugen wollten. Blasphemische Transparente wurden hochgehalten mit Aufschriften:
    Gott ist eine Lesbe!
    Vögel deinen Nächsten wie dich selbst!
    Freiheit allen Perversen!

Ein Straßenprediger in Schottland, der Homosexualität als Sünde bezeichnet hatte, wurde von der Polizei festgenommen und mit einem Bußgeld von 1000 Euro bestraft.

Der Homosexuelle Volker Beck, Geschäftsführer von Bündnis 90/die Grünen, forderte den Ausschluss der *Offensive junger Christen* und des *Weissen Kreuzes (Sexualethik und Seelsorge)* aus dem kirchlichen Arbeitsgebiet der Diakonie. Beide Organisationen diskriminierten alle homoerotisch empfindenden Menschen. Die Diakonie in Deutschland lehnte das Vorhaben Becks ab.

Auch der christliche Arzt Dr. Hans-Christian Raabe wurde im Februar 2011 auf Druck von Homosexuellen-Verbänden aus der staatlichen Drogenberatungsbehörde entlassen, weil er einen Zusammenhang zwischen homosexuellem Lebensstil, Drogenmissbrauch und sexuellem Missbrauch an Kindern konstatiert hatte. Er hatte in einer Expertise gesagt: „Zwar ist die Mehrheit der Homosexuellen nicht in Pädophilie involviert … aber es gibt einen überdurchschnittlich großen Anteil von Homosexuellen unter Pädophilen und eine Überschneidung zwischen der Homosexuellenbewegung und der Bewegung für die Akzeptanz von Pädophilie."[53]

Pastor Ake Green wurde 2004 in Schweden zu einem Monat Gefängnis verurteilt, weil er in der Predigt über die biblische Verurteilung von praktizierter Homosexualität gesprochen hatte.[54]

Es sind nur einige wenige Beispiele, die widerspiegeln, was auf uns zukommt.

Die Zahl von Anfeindungen, von Gerichtsurteilen, die sich mit Diskriminierungen von „Erzkonservativen" beschäftigen, ist erheblich gestiegen.

Der Widerstand erlahmt, weil auch der christliche Glaube und sein aufrichtiges Bekenntnis abnehmen.

Pädagogische Einrichtungen müssen eigene Schutzmechanismen entwickeln

Die persönliche Eignung der Mitarbeiter muss gewährleistet sein. Im Paragraf 72 a des KJHG (Kinder und Jugendhilfegesetz) wird diese Eignung angemahnt. Das heißt:

- keine Beschäftigung von Personen, die rechtskräftig wegen einer Straftat nach den Paragrafen 171, 174 – 174c, 176- 180a , 181a, 182-184f, 225, 232-233a, 234, 235 oder 236 des Strafgesetzbuches verurteilt wurden.

- Es darf kein „Gefährdungsrisiko" von den Mitarbeitern ausgehen.

- Die Leitung der Einrichtung muss darauf achten, dass zwischen „Dienstlichem" und „Privatem" keine unklaren Vermischungen vorkommen.

- Für Kinder und Jugendliche muss eine unabhängige Beschwerdestelle da sein. Auch für ein Telefon oder Handy, das Kinder und Jugendliche benutzen können, um Kritik und Beschwerden loszuwerden.

- Es muss auch in den Einrichtungen eine „Vertrauensfrau" oder ein „Vertrauensmann" benannt werden, die für die Jugendliche zur Verfügung stehen.

- Es muss auch für Kinder, Jugendliche und Eltern eine Möglichkeit bestehen, eine Vertrauensperson beim Jugendamt zu kennen.

- Fachkräfte der Einrichtungen sollten regelmäßig Supervision erhalten von Supervisoren, die nicht in der Einrichtung tätig sind.

- Um sexuellen Missbrauch und sexuelle Gewalt in den Einrichtungen auszuschließen, ist eine ständige Fort- und Weiterbildung der Mitarbeiter notwendig, um sich mit den modernsten Erkenntnissen der Sexualwissenschaft vertraut zu machen.
- Es ist auch notwendig, dass in allen Einrichtungen offen mit Kindern und Jugendlichen über sexuellen Missbrauch, über sexuelle Gewalt und Verführung gesprochen werden muss, um Übergriffe und Missbrauch zu verhindern.
- Alle Mitarbeiter und Mitarbeiterinnen müssen verpflichtet werden, alle Probleme des sexuellen Missbrauchs einem Vertrauten der Einrichtung weiterzugeben.
- Die Mitarbeiter und Mitarbeiterinnen benötigen einen eigenen Wohnraum. Die Wohn- und Funktionsräume der Jugendlichen müssen von denen der Mitarbeiter getrennt sein. Die Odenwaldschule hat gezeigt, welche Gefahren mit einem freundschaftlichen und familiären Zusammenleben verbunden sind. Die Probleme zwischen Nähe und Distanz wurden verwischt.
- Eltern müssen sich fragen und prüfen, wenn sie Kinder in Internatsschulen geben, was sie bezwecken wollen. Welche Interessen stehen im Vordergrund? Wenn die Kinder in den Entscheidungsprozess nicht eingebunden werden, kann es schneller und leichter zum sexuellen Missbrauch kommen. Kinder dürfen nicht abgeschoben werden. Wenn Fürsorge, Vertrauen und Verantwortung der Eltern fehlen, vergrößert sich die Gefahr des sexuellen Missbrauchs.
- Kinder haben im Allgemeinen kein Mitspracherecht, was ihre Familie, ihre Verwandten, was Kita, Schu-

le usw. betrifft. Wenn über sie verfügt wird, sind sie ungeschützt und verletzlich. Ihr Entscheidungsspielraum ist klein. Diese Verletzlichkeit macht aus Kindern leicht Opfer. In der Familie wurde über sie bestimmt, in den Einrichtungen ist es genauso. Wie wollen sie sich wehren, wenn sexuelle Übergriffe geschehen?

Wer also in der Familie oder in den Einrichtungen dieser Gefahr vorbeugen will, muss Kinder ernst nehmen, muss auf Augenhöhe alle Probleme ansprechen, um sie vor den besprochenen Problemen zu schützen.

Welche Botschaften senden Kinder, die sexuellen Missbrauch nahelegen?

Die meisten Botschaften, die Kinder senden, sind verschlüsselt. Ganz selten äußern sich Kinder oder Jugendliche direkt. Sie machen Andeutungen, und diese Andeutungen sind für Eltern wichtig. Wie können sie lauten?

- Jungen oder Mädchen wollen nicht gern zum Großvater gehen. „Den mag ich nicht!" Kaum ein Kind erzählt den wahren Grund.
- Ältere Geschwister, in der Regel sind es Jungen, missbrauchen ihre weiblichen Geschwister. Was offenbaren solche Mädchen, wenn sie negative Erfahrungen gemacht haben?
  - Sie wollen nicht mit dem Bruder ins gemeinsame Schlafzimmer!
  - Sie wollen nicht mit ihm allein gelassen werden.
  - Sie wollen nicht, dass die Eltern den Bruder zum Beschützer erklären.
  - Sie wollen nicht, wenn die Eltern ausgehen, von ihm zu Bett gebracht werden.

Die Diplom-Psychologin Elisabeth Raffauf hat weitere Symptome beschrieben, die auf Missbrauch hindeuten können, aber nicht müssen:

- Schlafstörungen
- Bettnässen, Einkoten,
- Bauchschmerzen,
- Sprachstörungen,
- Rückfall in Kleinkindverhalten (evtl. als Signal: beschütze mich!),
- gestörtes Essverhalten,
- Angstprobleme,
- Schulschwierigkeiten,
- Festklammern an bestimmten Personen,
- Angst vor anderen Personen.[55]

Wichtig ist, dass Eltern die kleinsten Hinweise ernst nehmen und hinterfragen. Die meisten Kinder betonen später, sie wären nicht gehört und erhört worden. Eltern waren zu beschäftigt, um „Kleinigkeiten" im Zusammenleben ernst zu nehmen. Es gilt der Kernsatz guter Prophylaxe: „Eltern, redet mit euren Kindern über alles. Viel Reden und Austausch sind ein Vertrauensbeweis." Kinder öffnen sich und gehen aus sich heraus.

Welche Vereinbarungen können Eltern mit ihren Kindern treffen?
Die Diplom-Psychologin gibt hilfreiche Hinweise, wie Eltern Spielregeln mit ihren Kindern vereinbaren:

- Es ist gut, den Schulweg mit anderen zusammen in kleinen Gruppen zu gehen.
- Das Kind soll von der Schule oder vom Spielplatz immer pünktlich auf dem vereinbarten Weg nach Hause kommen.
- Es soll nicht eigenmächtig die Pläne ändern oder irgendwo länger Station machen, ohne kurz Bescheid zu geben.

- Was Kindern selbst Sicherheit gibt, ist das Gefühl, dass jemand seinen Aufenthaltsort kennt.
- Eltern sollten mit den Kindern in Ruhe über mögliche Gefahren sprechen, ihnen aber keine Angst machen.
- „Du bleibst zu Menschen, die dich ansprechen, höflich, du steigst aber in kein Auto ein."
- „Nimm keine Geschenke an!"
- „Geh nicht mit jemandem mit, außer wir haben dir das vorher ausdrücklich erlaubt!"
- „Und wenn doch etwas passiert ist, wir machen dir keine Vorwürfe!"[56]

Wenn Kinder sexuellen Missbrauch erleben, dann geht es ihnen auf vielen Ebenen schlecht. Sie fühlen sich ohnmächtig, schwach, unterlegen, schuldig, voller Scham, erniedrigt, entwürdigt, nicht gehört, verstört, verraten, nichts wert, und sie wünschen sich nichts dringender, als dass der Missbrauch aufhört. Leider haben oft Kinder selbst das Gefühl, dass sie schuldig sind und schuldig waren. Aber das muss klar und deutlich den Kindern gesagt und vermittelt werden: Kinder haben *niemals* Schuld.

Was können Eltern tun, wenn Missbrauchverdacht besteht?
Es ist ratsam, sofort zu handeln. Wichtig:
- dass die Eltern ihrem Kind Glauben schenken, wenn es von irgendwelchen Verletzungen, Erniedrigungen oder von Missbrauch erzählt;
- dass die Eltern das Kind loben für das Vertrauen, das es ihnen schenkt;
- dass die Eltern nicht abwiegeln und dem Kind das Gefühl geben, dass es ihnen Kummer bereitet;
- dass die Eltern dem Kind klarmachen, dass es keine Schuld trägt;

- dass die Eltern das Kind vor der Person, die es missbraucht hat, dauernd schützen;
- dass die Eltern sich an eine Fachberatung wenden, um zu klären, welche weiteren Schritte zu gehen sind.

Die Zukunft des sexuellen Missbrauchs

Wer heute mit einem klaren und engen Gewissen reagiert, wird mit Angriffen, mit Drohungen und mit feindlichen Äußerungen rechnen müssen. Viele glauben, sie sind frei, wenn sie bedingungslos ihrem eigenen Willen folgen, wenn sie Selbstverwirklichung realisieren und ihren Wünschen, Vorlieben und Wertvorstellungen nachgehen. Gott und sein Wort werden in die Ecke gestellt. Sie blockieren die Freiheit, sie hemmen die sexuelle Entfaltung und wollen uns eine antiquierte Ehe-, Familien- und Lebensvorstellung überstülpen. Die Gier, auch im Wirtschaftsleben, hat Vorfahrt. Eine grenzenlose sexuelle Befriedigung ist der Heilsweg zum Glück.

Führt die uneingeschränkte Freiheit wirklich zum ersehnten Glück? Die totale Selbstbefriedigung und Selbstverwirklichung machen junge, erwachsene und alte Menschen nicht wirklich glücklicher und zufriedener, das machen alle gegenwärtigen Untersuchungen hier und anderswo deutlich. Psychische Störungen und Depressionen nehmen rasant zu. Partnerwechsel, Bindungslosigkeit und Probleme aller Art werden nicht weniger. Wer Egoismus und Selbstsucht fördert, fördert den Missbrauch auf allen Ebenen.

Eine junge Lehrerin, noch keine vierzig Jahre alt, berichtet mir in der Therapie: „Ich bin rundum unglücklich. Wir sind verheiratet, aber mein Mann hat immer wieder Techtelmechtel mit anderen Frauen. Er gesteht mir, das hätte natürlich mit Liebe nichts zu tun. Mich liebte er, aber er

brauche häufiger als ich sexuelle Beziehungen. Als Sport-
lehrer leitet er Gruppen mit Teenagern. Vor allem Mädchen
rufen ihn immer wieder an, duzen ihn und schwärmen
ihm was vor. Wenn ich dazukomme, bricht mein Mann die
Gespräche ab. Wenn Veranstaltungen mit Teenagern waren, ist er immer sexuell k.o. Er sei körperlich ausgelaugt.
Ich weiß, dass zu etlichen Mädchen sexuelle Kontakte bestehen. Einige davon sind noch keine sechzehn Jahre alt.
Ich habe schon getragene Slips in seiner Aktentasche gefunden, die unangenehm nach Frau rochen. Für meinen
Mann wahrscheinlich nicht. Alles geht super locker zu. Ich
bin mit einigen Ehepaaren eng befreundet. Keine Frau dieser Freundespaare ist wirklich glücklich. Alle stöhnen über
den Pornokonsum ihrer Männer und über sexuelle Ausrutscher, die sie sich leisten. Wir leben in einer sexuell aufge-
heizten Welt. Was kann ich tun?"

Über Therapiegespräche will ich hier nicht berichten. Die
Frau leidet, zeigt eine Reihe psychosomatischer Beschwerden, die alle mit ihrer ehelichen Unzufriedenheit zusam-
menhängen. Bei sich und in ihrer freundschaftlichen Umgebung begegnet ihr seelische und sexuelle Untreue, weil
eine „sexuell aufgeheizte Welt", wie die Frau sie erlebt, feste
Bindungen infrage stellt. Die Folgen sind:
  ■ Besonders die Frau fühlt sich erniedrigt,
  ■ besonders die Frau empfindet Leere und Ekel,
  ■ besonders die Frau fühlt sich in ihrer Würde verletzt.
  Andere Menschen werden benutzt, werden zu Objekten
der Lust und der Befriedigung. Der Missbrauch ist an der
Tagesordnung.

Tugenden werden heute kleingeschrieben. Wer Freiheit
und Selbstverwirklichung als Hochziele feiert, muss auf Tugenden verzichten. Ohne feste Maßstäbe und das beharrli-

che Lernen, Gutes zu tun, und ohne einen entsprechenden Willen wandern sie in den Papierkorb. Wer sexuelle Beziehungen auf Lustgewinn reduziert, muss Verlässlichkeit und Treue abhaken.

Der Mensch ist entwurzelt. Er hängt in der Luft. Es fehlt eine moralische Instanz, die über Gut und Böse, Recht und Unrecht entscheidet. Weil der lebendige Gott nicht mehr als absoluter Maßstab gilt, muss eine Gesellschaft zerfallen. Denn das Gewissen, das ohne einen Herrn reagiert, ist wie ein „herrenloser Hund", der auf jede Einflüsterung hereinfällt, wie es Martin Luther schon vor einigen hundert Jahren formuliert hat.

Literaturhinweise

1 Elisabeth Raffauf, So schützen Sie Kinder vor sexuellem Missbrauch, Patmos Verlag, Ostfildern 2011, S. 22f.

2 Ingrid Eißele im Interview: Ich fand es toll, dass sich ein erwachsener Mann für mich interessierte und hatte das Gefühl, dem kann ich vertrauen, in: STERN 4/ 2012, S. 49f.

3 Sabine Andresen / Wilhelm Heitmeyer (Hrsg.), Zerstörerische Vorgänge, Beltz Juventa Verlag , Weinheim und Basel 2012, S. 11.

4 Verspätete Modernisierung, öffentliche Erziehung im Rheinland - Geschichte der Heimerziehung in Verantwortung des Landesjugendamtes (1945-1972). Hrsg. von Henkelmann/ Kaminsky/ Pierlings/ Swiderek/ Banach, Klartext Verlag, Essen 2011.

5 Elisabeth Raffauf, a.a.O ., S.35.

6 Gabriele Kuby, Die sexuelle Revolution, fe-medienverlag, GmbH, Kissleg 2012, S. 329f.

7 Marion Kläs, Mit Regeln und Konzept. Wie Sexualerziehung in der Kita leichter gelingt, in: Theorie und Praxis d. Sozialpäd 6/2010, Friedrich Verlag, Seelze 2010.

8 Elisabeth Raffauf, a.a.O., S.38f.

9 Ralf Isermann, Zum Zwecke der Forschung, in: Westdeutsche Zeitung ,8.4. 2015, S. 8.

10 David G. Benner, Kraftvolle Seelsorge, Brunnen Verlag, Basel 2014, S. 68.

11 David G. Benner, a.a.O., S. 66.

12 Papst Paul VI. in: Enzyklika Humanae vitae, 1968.

13 Gabriele Kuby, a.a.O., S. 109.

14 Gabriele Kuby, a. a. O., S. 169.

15 Alexander Kissling, Der Verlust der Scham, in: Idea-spektrum 31/ 2015, S. 3.

16 Diagnostisches und Statistisches Manual Psychischer Störungen DSM IV, 2. verbesserte Auflage, Hogrefe Verlag, Göttingen, Bern, Toronto, Seattle 1998, S. 743ff.

17 Süchtig nach Pornographie, in: Psychologie heute, 6/ 2014, S. 5.

18 In: Psychologie heute, 7/ 2012, S. 8ff.

19 Gabriele Kuby, a. a. O., S. 196.

20 Christa Mewes, Wohin? Auf der Suche nach Zukunft, Hess Verlag, Bad Schussenried 2011.

21 Victor B. Cline, Pornography´s Effect on Adults and Children, 2002. Abrufbar unter:
http://de.scribd.com/doc/20282510/Dr-Victor-Cline-Pornography-s-Effects-on-Adults-and-children#scribd (letzter Zugriff am 10.8.2015).

22 Archibald Hart, Lust und Last, Verlag Schulte & Gerth, Asslar 1995, S. 101.

23 Archibald Hart, a. a. O., S. 102.

24 Jochen Oehler, Warum töten Menschen Menschen?, in: Joachim Groll (Hrsg.):
Evolution, Goldmann Verlag, München 2008, S. 144f.

25 Volker u. Martina Kessler, Die Machtfalle, Brunnen Verlag, Gießen u. Basel 2001, (2. Auflage), S. 23.

26 Archibald Hart, a. a. O., S. 46f.

27 Archibald Hart, a. a. O., S. 47.

28 Archibald Hart, a. a. O., S. 49f.

29 Archibald Hart, a. a. O., S. 90f.

30 Yelena Sibayeva, Was ermöglichte den sexuellen Miss-brauch von Kindern in der Odenwaldschule?, Grin Verlag, Norderstedt 2013, S. 4ff.

31 Yelena Sibayeva, a.a.O., S. 10f.

32 Manfred Kappler, Anvertraut und ausgeliefert, Nicolai Verlag, Berlin 2011, S. 22f.

33 Yelena Sibayeva, a.a.O., S. 13.

34 Sabine Andresen/ Wilhelm Heitmeyer, Zerstörerische Vorgänge, Beltz Juventa Verlag, Basel und Weinheim 2012, S. 85.

35 Sabine Andresen/ Wilhelm Heitmeyer, a.a.O., S. 85.

36 Sabine Andresen/ Wilhelm Heitmeyer, a.a.O., S. 83.

37 Sabine Andresen/ Wilhelm Heitmeyer, a.a.O., S. 230.

38 Sabine Andresen/ Wilhelm Heitmeyer, a.a.O., S. 231f.

39 Peter Strauch, Ein großer Schock, in: Idea-spektrum 12/ 2015, S. 15ff.

40 Peter Strauch, a. a. O., S.17.

41 Elisabeth Raffauf, a.a.O., 61f.

42 Elisabeth Raffauf, a.a.O., S. 89f.

43 Archibald Hart, a. a.O., S. 89.

44 Elisabeth Raffauf, a. a. O., S.124.

45 www.chatten-ohne-risiko.net, ein Projekt von jugend-schutz.net und der Landesanstalt für Kommunikation Baden-Württemberg. Abrufbar unter: http://www.chatten-ohne-risiko.net/tipps/#jfmulticontent_c2388-1, letzter Zugriff am 10.08.2015.

46 Richard David Precht, Liebe, Goldmann Taschenbuch, Verlag München 2010, S. 170.

47 Richard David Precht, a.a.O., S. 178.

48 Richard David Precht, a.a.O., S. 180f.

49 Richard David Precht, a.a.O., S. 180f.

50 Gabriele Kuby, a.a.O., S. 347.

51 Neil Postman, Das Verschwinden der Kindheit, Fischer, Frankfurt 1987, S. 102.

52 Friso Melzer, Das Wort in den Wörtern, J. C. B. Mohr (Paul Siebeck) Verlag, Tübingen, S. 326.

53 Gabriele Kuby, a.a.O., S. 392.

54 Gabriele Kuby, a.a.O., S. 392.

55 Elisabeth Raffauf, a.a.O., S. 143f.

56 Elisabeth Raffauf, a.a.O., S. 139f.

Stichwortverzeichnis

Die vier
Persönlichkeitsstrukturen

Reinhold Ruthe
Typen und Temperamente
Paperback, 208 Seiten
ISBN 978-3-87067-725-1

Jeder Mensch ist einzigartig, einmalig und
spiegelt doch zugleich auch einen bestimmten
Grundtypus wider.
Dieser bewährte Ratgeber von Reinhold Ruthe
hilft, Stärken und Schwächen zu entdecken,
Talente und Fähigkeiten herauszufinden.
Ein ausführliches Testverfahren verhilft zu
einem annähernd genauen Profil der eigenen
Persönlichkeit.

Brendow.
Verlag | Alles, was Sinn macht!

Hilfen für Feinfühlige

Reinhold Ruthe
**Hochsensibel
und trotzdem stark**
Paperback, 144 Seiten
ISBN 978-3-86506-744-9

Reinhold Ruthe beleuchtet das Phänomen
„Hochsensibilität" umfassend. Dabei gibt
er Betroffenen und Angehörigen wertvolle
Tipps und macht Mut zu einem befreiten
Umgang mit dieser besonderen Gabe.

Brendow.
Verlag | Alles, was Sinn macht!